MC누리쌤의
듀오링고 테스트
고득점 비법서

MC누리쌤의
듀오링고 테스트
고득점 비법서

Duolingo English Test

DET 전문 컨설턴트의 족집게 강의

MC누리쌤(전누리) 지음

웅진윙스

캐나다에서 영어시험을 준비하며 배운 것

스무 살 때, 평범한 대학생이던 저는 제가 무엇을 좋아하는지, 어떤 것을 잘하는지 끊임없이 고민했습니다. 그러던 중 '속기사'라는 직업을 알게 되었지요. 이전부터 손이 빠르다는 얘기를 많이 들은 터라 제 장점을 살리기 좋은 직업이었습니다. 게다가 역사를 기록하는 직업이라는 것에 흥미를 느껴 바로 속기사 자격증 준비를 시작했습니다.

스물한 살에 속기사 자격증 취득에 성공한 저는 서울 어느 구 의회 산하의 속기사로 일할 수 있었습니다. 그 누구보다도 직장 환경과 직업에 만족했습니다. 그러다 군 생활을 시작하게 되었고, 우연히 캐나다 유학생이었던 후임을 만났습니다. 그 덕에 캐나다 문화를 접하면서 새로운 꿈을 꾸게 되었지요. 타인의 시선을 의식하지 않고 주도적인 판단 아래 행동하는 그들의 문화, 이것이 항상 미래를 준비하던 저에겐 꽤나 매력적으로 다가왔습니다.

속기사라는 직업에 뛰어들 때와 비슷하게 강렬한 확신이 들었고, 그때까지 노력하며 쌓아왔던 모든 커리어를 과감히 뒤로한 채 바로 캐나다 유학

길에 올랐습니다.

　스물다섯 살, 홀로 캐나다 밴쿠버 공항에 도착한 제가 마주한 현실은 암담하기만 했습니다. 영어는커녕, 캐나다인과 눈만 마주쳐도 누가 말을 걸까 봐 두려운 마음뿐이었습니다. 저는 표지판에 적힌 간단한 영어 문장조차 제대로 해석하지 못했습니다. 낯선 땅에 도착한 순간부터 그야말로 눈뜬 장님 신세였지요. 그래도 이를 악물고 헤쳐나가는 수밖에 없었습니다.

　캐나다 생활은 어학원 '패스웨이(Pathway)' 과정으로 시작했습니다. 패스웨이란 공인 영어시험 점수가 없어도 주어진 과정만 통과하면 대학 본과 과정에 지원이 가능한 프로그램입니다. 영어를 제대로 공부하지 못한 저에게 딱 맞는 선택지였지요. 남들보다 부족한 실력을 만회하기 위해 매 순간 최선을 다했습니다.

　하지만 캐나다 생활에 적응하며 시야가 넓어지고 나니 사고방식과 가치관이 달라졌습니다. 목표로 하는 대학과 전공이 바뀌었지요. 여기서 문제가 생겼습니다. 패스웨이 과정은 해당 기관에서 승인한 대학교로만 입학할 수 있는 프로그램이라는 것입니다. 때문에 저에게 패스웨이는 의미 없는 과정이 되고 말았습니다.

　'본격적으로 유학 생활을 시작하면 많은 시간과 돈을 투자해야 하는데, 그렇다면 내가 꼭 배우고 싶은 분야를 택하는 것이 맞지 않을까?'

　몇 날 며칠 밤을 새우며 고민한 끝에 저는 과감하게 더 큰 꿈에 도전하기로 마음먹었습니다. 공인 영어시험인 IELTS 준비반으로 변경한 것입니다. 그 당시에는 IELTS나 TOEFL 시험으로 해외 대학에서 요구하는 영어 점수 요건을 만족시키는 것이 일반적이었습니다. 저는 본격적으로 시험 준비에 돌입했습니다.

매일 새벽 5시에 일어나 도서관으로 가서 영어 단어를 외우며 하루를 시작했습니다. 시험 시간이 오전이었기에 저도 오전에는 페이스 유지를 위해 실제 신문 기사를 이용한 리딩 공부에 집중했습니다. 매일같이 실제 기사를 한 문단씩 해석, 분석, 요약하다 보니 어느 순간 영어의 문장 구조를 깨닫고 어려운 단어나 용어도 자연스럽게 알게 되었습니다. 오후에는 오전에 리딩 공부로 얻은(input) 표현을 스피킹과 라이팅 연습을 통해 내뱉는(output) 연습을 하며 온전히 나만의 것으로 만들기 위해 노력했습니다. 저녁에는 홈스테이 부모님과 많은 대화를 나누기 위해 꼭 식사 자리에 참석했습니다. 잠드는 순간까지도 좋아하는 외국인 배우의 인터뷰 영상을 보고 들으며, 깨어 있는 온 시간을 영어 공부에 매진했습니다. 캐나다에 거주하고 있었음에도 저 스스로 더 철저하게 영어에 노출되기 위해 노력했습니다.

　이와 같은 루틴을 철저히 지키다 보니, 캐나다에 온 지 서너 달이 지나도록 어학원 주변에 어떤 관광 명소가 있는지, 어느 식당이 유명한지조차 알지 못했습니다. 돌이켜보면, 이때가 캐나다 생활을 통틀어 가장 지옥과도 같았습니다. 그러나 고난 속에서도 영어시험을 준비하며 값진 교훈을 깨달았습니다.

공인 영어시험을 준비하며 얻은 9가지 깨달음
1. 채점관이 감점과 가산점을 주는 답변 포인트는 존재한다.
2. 스피킹&라이팅 평가 기준은 매우 명확하다
3. 특히 아카데믹한 영어시험이 선호하는 단어나 표현은 분명 있다.
4. 답변 시간이 길어지면 길어질수록 내 실력은 더 뚜렷이 드러난다.
5. 질문을 듣는 순간 할 말이 바로 떠올라야 콩글리시라도 한다.
6. 템플릿에 너무 의존하면 안 된다. 하지만 이를 모르면 200% 손해다.
7. 시험 중에는 영어를 못해도 잘하는 척을 해야만 한다.
8. 감점은 줄이고 가산점을 늘리면 고득점을 받을 수 있다.
9. 이 얘기는 모든 영어시험에 적용될 수 있다.

많은 시간을 공부에 투자했던 덕분일까요? 이때의 깨달음이 저를 훌쩍 성장시킨 바탕이 되었습니다. 영어 공부를 넘어 시험 점수를 공부하게 된 것입니다.

늦게 배운 공부가 더욱 무섭더군요. 공부에 대한 열망이 더욱 커져만 갔기에, 저는 유학 생활 중 편입으로 눈을 돌리게 되었습니다. 그때 코로나 때문에 대두된 공인 영어시험 '듀오링고 테스트(Duolingo English Test, DET)'를 알게 되었고, 매우 큰 흥미를 느꼈습니다.

응시 비용이 저렴하고 난이도도 비교적 낮은 데다 장소나 시간에 구애받지 않고 집에서 시험을 볼 수 있다는 점이 매력적이었습니다. 처음부터 끝까지 온라인으로 진행되고, 점수 역시 컴퓨터 평가에 의존하는 방식이었습니다. 문득, 정말 힘들게 IELTS 시험을 대비하던 시절이 머릿속을 스쳐 지나갔습니다.

'다른 사람들만큼은 공인 영어시험 때문에 너무 고통스러워하지 않으면 좋겠다. DET는 유학 준비생들이 놓쳐서는 안 될 절호의 기회다.'

이 신념 하나가 저를 이끌었습니다. 알짜 정보 하나 없이 맨땅에 헤딩하기 식으로 시험을 준비하던 그 시절을 회상하며, 한국에 DET를 최초로 알리기 시작했습니다. 당시 저는 캐나다에서 유학을 하고 있었기 때문에 시험 정보를 누구보다 빠르게 알 수 있었습니다. 또 미친 듯 영어시험을 준비했던 지난날의 경험이 DET를 빠르게 파악할 수 있도록 도와주었지요.

DET에 대한 정보를 많은 분들께 공유하기 위해 시험에 대한 정보, 문제 유형, 고득점자 인터뷰, 공부법 등을 영상으로 제작해 유튜브에 업로드했습니다. 저의 간절한 마음이 통했는지 감사하게도 정말 많은 분들께서 관심을 가져주셨고, 제 덕분에 목표 점수에 수월하게 도달했다는 찬사도 받게 되었습니다.

그런데 저 혼자만 정보를 전달하는 상황이 점점 아쉽게 느껴졌습니다. 생긴 지 얼마 안 된 시험이라 정보가 없어도 너무 없는 것 또한 걱정거리였습니다. 저뿐만 아니라 많은 사람들이 함께 머리를 맞대고 해결책을 찾으려 고심했지요. 그 결과 DET를 준비하는 사람들이 상호 소통하며 자료를 공유할 수 있는 장이 필요하다는 결론에 도달하게 되었습니다. 그래서 탄생하게 된 것이 네이버 카페 '듀오링고를 준비하는 사람들(듀준사)'입니다. 만든 지 1년 6개월이 지나면서 이 카페는 4,000명 이상의 회원을 보유하게 되었습니다.

카페를 개설한 뒤 회원들의 요청에 따라 어떤 정보가 필요한지 설문조사를 진행하여 『듀오링고 VOCA 전자책』을 제작하였습니다. 회원들과 계속해서 소통하다 보니 듀오링고 과외 및 강의를 요청하시는 분들이 점차 많아졌고, 이때 한 가지 생각이 깊이 뿌리내렸습니다.

'유학을 준비하던 시절 내가 겪었던 그 힘든 시기를 회원분들도 지금 지나고 있을 텐데, 도움이 될 수만 있다면 안 할 이유가 전혀 없지.'

그 뒤로 DET 분석에 더욱 매진하기 시작했습니다. 문제를 파헤쳐가는 과정 내내, 공인 영어시험을 준비할 때 얻은 9가지 깨달음과 유학 시절 배웠던 '아카데믹한 영어의 본질'은 저에게 값진 자양분이 되었습니다. 2021년 1월부터는 본격적으로 '1:1 듀오링고 고득점 컨설팅'을 시작했고, 약 18개월

만에 벌써 수백 명에 이르는 분들이 목표 점수를 획득해 유학에 성공했다는 감사 글을 남겨주셨습니다. 여기에 더해, 유튜브 댓글과 개인 이메일 등을 합치면 700명이 넘는 분들이 목표 점수를 달성해 행복하다는 메모를 지금 이 순간에도 전해주고 계십니다.

이러한 일이 가능했던 것은 1,000여 명 이상의 학습자분들 개개인과 온라인으로 나눈 대화를 통해 현실을 파악할 수 있었기 때문입니다. 그분들이 가진 우려는 물론, 무엇을 가장 열망하는지도 명확히 파악할 수 있었습니다. 기출문제를 분석하며 얻은 자료도 많지만, 이분들이 남겨주신 수천 개의 질문에 모두 답변하면서 쌓아온 자료는 수치로 표현하기 어려울 정도입니다. 학습자분들께서 작성해주신 목표달성 후기를 정독하며 이를 자료화한 것도 큰 힘이 되었습니다. 그 덕에 어디서도 볼 수 없는 DET 빅데이터를 가지게 된 것입니다.

DET의 바이블

그러던 중, DET를 준비하시는 분들이 참고서로 활용할 수 있는 책이 필요하다고 느꼈습니다. 꼭 강의를 수강하지 않더라도 이 한 권의 책으로 시험에 관한 모든 양질의 정보를 한번에 파악할 수 있으면 좋겠다는 마음이 들었지요.

"영어는 항상 제 인생의 숙제였어요.

영어시험에서 어떻게 하면 더 좋은 점수를 받을 수 있을까요?"

충분히 공감되는 고민입니다. 사실, 시험 앞에서 우리는 그저 막연하고 막막하기만 합니다. 시험공부를 하기는 하지만 왕도가 따로 없기에 이 공부법이 맞는지, 이 답변이 맞는지 알기도 참 어렵습니다. 주야장천 문제풀이만 한다고 해서 성적이 오른다는 보장도 없고요. 무엇보다, 당장 어떤 것부터 공부해야 할지 모르겠다는 게 가장 큰 문제입니다. 우리는 어떤 부분이 부족한지는 알고 있습니다만 이를 극복하기 위해 어떻게 준비해야 할지에 대해서는 막막하기만 합니다. 그래서 DET를 준비하시는 모든 분들을 위한 고득점 비법서를 집필하게 되었습니다.

DET에 대해 누군가에게 자세히 물어볼 수 없어 답답하셨지요?

지금부터 이 책을 통해 DET만의 고유한 특징을 정확히 파악하고 유형에 따른 효과적인 공부법을 모두 습득하세요. 수백 명의 DET 학습자분들이 목표 점수를 달성할 수 있었던 고득점 전략부터 진짜 영어 공부법까지, 그 모든 과정을 빠짐없이 수록했습니다. 단기간 점수 향상은 물론, 영어 실력도 함께 쌓으시길 바라는 마음입니다.

이 책으로 목표 점수를 달성하여 유학이나 취업 등 원하시는 바 모두를 얻으시기를 진심으로 기원합니다.

2022년 가을
MC누리쌤 (전누리)

1장

듀오링고 테스트
기본 정보

1. 어떤 시험인가요?

DET는 미국의 언어 학습 회사 '듀오링고'에서 개발한 시험이에요.

팬데믹 사태를 대비해서 만든 시험이기도 해요. TOEFL이나 IELTS는 오프라인에서만 시험을 치를 수가 있었어요. 하지만 코로나가 번지며 오프라인 시험에 제약이 생긴 거예요. 해외 대학들은 학기마다 외국인 신입생을 받아야 수업을 진행할 수 있는데 학생들이 공인 영어시험 점수가 없어 입학을 못 하니 난처했지요. 이러한 상황에 대비해 세계적으로 유명한 언어 학습 애플리케이션 기업인 듀오링고에서 100% 온라인 공인 영어시험을 새롭게 론칭했습니다. 유학 준비생들에게는 너무 좋은 기회이지요?

DET 점수는 전 세계 대학 및 기관에서 영어 능력을 평가하는 잣대로 활용하고 있습니다. 2021년만 해도 미국, 영국, 캐나다, 호주, 4개 국가에서만 시험을 인정했지만, 이제는 수많은 나라의 대학에서 DET를 인정하고 있습니다. 미국 1,382개 학교, 캐나다 188개 학교, 영국 64개 학교, 호주 36개 학교, 프랑스 16개 학교, 독일 15개 학교, 중국 12개 학교, 일본 17개 학교, 그리고 우리나라에서도 8개 학교가 DET 시험을 받아들이고 있습니다.

DET 인정 국가

미국, 영국, 캐나다, 호주, 프랑스, 독일, 중국, 일본, 한국, 헝가리, 폴란드, 포르투갈, 페루, 파나마, 튀르키예, 태국, 키프로스, 콜롬비아, 코트디부아르, 코스타리카, 케이맨제도, 카타르, 카자흐스탄, 칠레, 체코, 지브롤터, 인도네시아, 이탈리아, 이집트, 이스라엘, 이란, 이라크, 우즈베키스탄, 오스트리아, 엘살바도르, 아프가니스탄, 아제르바이잔, 아일랜드, 아르헨티나, 아루바, 아랍에미리트, 싱가포르, 스페인, 스위스, 소말리아, 세네갈, 브라질, 불가리아, 벨기에, 베트남, 베네수엘라, 방글라데시, 몽골, 몰타, 멕시코, 말레이시아, 리투아니아, 르완다, 루마니아, 레바논, 라트비아, 도미니카 공화국, 덴마크, 대만, 니카라과, 뉴질랜드, 네팔, 네덜란드, 남아프리카공화국, 과테말라

DET는 어떤 분들을 위한 시험일까요?

1. 유학 준비생, 편입 준비생
2. 어학연수 준비 학생 (DET 점수가 있으면 자체 레벨 테스트를 면제받고 점수에 따라 반이 자동으로 배정됩니다.)
3. 취업 준비생(스펙 쌓기), 승진 시험을 준비하는 회사원
4. 영어 실력 향상을 원하는 일반인

DET는 100% 비대면 온라인으로 치를 수 있다는 점이 가장 큰 특징이며, 언어 전문가들이 연구한 인공지능 기반의 현대적인 시험입니다. 감독관이 없는 유일한 시험이기도 하지요. 그만큼 비교적 편안하게, 시험 집중력이 향상된 상태로 치를 수 있어 효과적입니다.

2. 듀오링고 테스트의 장점

DET의 장점

편리함

　DET는 자신이 희망하는 시간과 날짜, 장소를 선택해 응시할 수 있습니다. 컴퓨터를 이용하여 시험을 치기 때문이지요. 전 세계 사람들을 응시 대상으로 하기 때문에 주말, 공휴일 관계없이 시험을 보거나 결과를 수령할 수 있습니다. 반면, 타 시험은 지정된 날에만 응시할 수 있습니다.

저렴한 비용

　DET 1회 시험 응시료는 49달러로, 2022년 9월 기준 약 6만 7천 원 정도입니다. 2회를 볼 수 있는 응시권을 구매하는 경우에는 각각 38달러, 한화약 5만 2천 원 정도로 더욱 낮아집니다. (응시 가격은 추후 인상될 수 있습니다.)

　기존에는 2회 응시권 구입 시 할인해주는 프로모션이 없었지만 시험이 업데이트되면서 학생들에게 다양한 혜택을 제공하는 것으로 보입니다. 아무래도 첫 시험은 긴장할 가능성이 높아 실수가 잦기 때문에 2회 응시권을 구매하여 준비하는 것이 효과적입니다.

반면, 타 시험인 TOEFL이나 IELTS의 1회 시험 응시료는 약 230달러로, 약 31만 6천 원 정도입니다. 즉, TOEFL 및 IELTS 1회 응시료로 DET는 4~5회 응시가 가능합니다.

짧은 시험 시간

DET 시험 시간은 총 60분입니다.

5분은 시험 규칙을 소개하고, 45분은 실전 문제풀이, 그리고 남은 10분은 점수와 함께 기관에 공유되는 인터뷰 시간입니다.

이에 비해 TOEFL의 시험 시간은 약 3시간입니다. IELTS는 speaking 시험까지 포함하면 그보다 훨씬 더 걸리고요. DET는 1개 문제에서 2가지 이상의 영어 능력을 평가하기 때문에 시험 시간이 짧은 반면, 타 시험은 문제별로 리딩, 리스닝, 스피킹, 라이팅 중 한 가지 영역의 능력만 측정하기 때문에 DET보다 3~4배의 시간이 소요됩니다.

빠른 시험 결과

DET는 시험을 마친 후 평균 48시간 이내에 성적표를 수령할 수 있습니다. 이는 컴퓨터가 점수를 측정하기 때문에 가능한 방식입니다. 이러한 장점 때문에 공인 영어시험 점수가 급하게 필요한 학생에게 특히 유용합니다.

반면, 타 시험은 결과를 수령하기까지 평균적으로 약 10~15일이 소요됩니다.

〈성적표 수령 시간 비교〉

TOEFL	IELTS	DET
약 11~15일	약 13일	약 48시간 이내

공식 연습문제 무료 지원

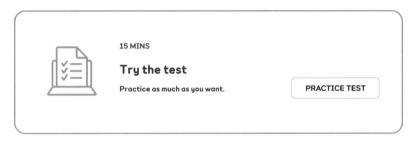

15 MINS

Try the test

Practice as much as you want.

PRACTICE TEST

웹사이트에 처음 가입하면 실제와 매우 유사한 60분가량의 모의시험을 볼 수 있습니다. 사이트 주소는 아래와 같습니다.

https://englishtest.duolingo.com

이후에도 15분 정도의 모의시험은 무제한으로 응시할 수 있습니다.

DET는 온라인 시험이라는 점을 감안하여 책으로 문제를 풀기보다는 모니터로 지문을 읽고 라이팅 답안도 타이핑으로 작성해보는 등 컴퓨터로 학습하는 것이 유리합니다. 실전 적용에 도움을 주기 때문입니다.

이러한 DET의 장점들을 바탕으로 제가 선정한 중요 TIP Top 3를 소개하겠습니다.

놓쳐서는 안 될 중요 TIP 3

① 영문 타이핑은 정확하게

추천 웹사이트: https://www.typing.com

효과적으로 영어 자판을 익힐 수 있는 웹사이트입니다. 키보드를 보지 않고 알파벳을 타이핑할 수 있다면 이후에는 문장을 천천히 받아써봅시다. 이때 빨리 치는 데 주안점을 두기보다는 오타를 내지 않도록 정확도에 집중하여 연습하는 것이 좋습니다. 오타를 내면 수정하는 데 생각보다 많은 시간이 소요되기 때문입니다.

② 랜덤 출제 방식에 익숙해지자

DET는 문제 출제 순서 예측이 불가능합니다. 문제 유형은 정해져 있지만 어떤 유형이 먼저 나올지는 정해져 있지 않기 때문입니다. 이렇게 시험을 제작한 의도는 응시자가 갑자기 나오는 질문에 어떻게 답변하는지 살펴 순발력과 실력을 판단하기 위함입니다. 따라서 응시자는 이 랜덤 출제 방식에 익숙해져야 합니다.

③ 문제가 어려워지더라도 당황하지 말자

DET 홈페이지에 들어가면 다음과 같은 문구가 있습니다. 무슨 뜻일까요?

DET는 실시간으로 문제 난이도가 달라진다는 뜻입니다. 앞 문제에서 답변을 잘했다면 이후에는 조금 더 높은 난도의 문제를 출제하는 방식입니다. 실제 시험을 볼 때에도 이러한 난이도 변화는 확연히 체감할 수 있습니다. 따라서 DET 시험 문제를 풀 때는 아래와 같은 마인드셋(mind set)을 해봅시다.

왜 이렇게 문제가 어려워지는 거야!

내가 앞 문제를 잘 풀었나 보다.
이것도 잘 풀면 고득점을 받을 수 있겠다.

반대로 문제 난도가 낮아졌다면 '앞의 문제에서 답변을 잘하지 못했나 보네'가 아니라, '이제부터 더 잘 답변해서 어려운 문제가 나오도록 해야겠다!'와 같이 생각을 전환해야 합니다. 이러한 마인드셋은 더욱 긍정적인 마음으로 시험에 끝까지 임할 수 있도록 도와줄 것입니다.

그렇다면 실제 시험에서 똑같은 점수를 두 번 이상 받았다는 것은 어떤 의미일까요?

이는 곧 그보다 높은 난도의 문제가 나왔을 때 한계를 극복하지 못했다는 뜻입니다. 이럴 경우 기존의 시험 준비 방법에서 벗어나 전반적인 영어 실력 향상 및 템플릿 활용 등에 초점을 맞추어야 합니다.

3. 시험 준비 및 지켜야 할 규칙

DET는 시험 시 지켜야 할 규정이 엄격한 편입니다. 100% 온라인 시험으로 시간 및 장소에 제약이 없고, 감독관이 따로 지켜볼 수 없기 때문에 엄격한 규정을 통해 공정성을 확보하려는 것이죠.

시험에 불이익이 없도록 아래의 공식 시험 규정을 모두 확인해보시기 바랍니다.

응시자 필수 준비 항목

① 신분증

듀오링고는 여권, 운전면허증, 사진이 부착된 정부 발행 신분증(주민등록증)을 모두 허용하기 때문에 이 중 하나로 신분 확인이 가능합니다.

② 조용하고 밝은 방

시험 시간 동안에는 주변 소음이 최대한 들리지 않도록 조용한 환경을 유지해야 합니다. 또한 시험 시 응시자의 얼굴이 계속 잘 보이도록 밝은 방에서 시험을 쳐야 합니다. 만약 이러한 환경이 조성되지 않았다면 시험을 재응시해야 하므로 시험 전 꼭 점검해보아야 합니다.

③ 90분의 여유 시간

시험 시작부터 종료까지 최소 60분이 소요됩니다. 만약 시험 중 기계적 결함이나 기타 사유로 인해 문제가 발생하였다면 화면 오른쪽 상단에 보이는 '시험 중단하기(Quit Test)' 버튼을 눌러 다시 시험을 치를 수 있습니다 (이에 대한 내용은 6장에서 자세히 다룰 예정입니다). 혹시 모를 변수까지 고려하여 약 90분 정도의 여유 시간은 확보하는 것이 좋습니다.

④ 안정적인 인터넷 연결

인터넷이 끊기면 시험을 모두 마치더라도 결과를 인증받지 못할 수 있습니다. 따라서 다른 인터넷 브라우저 및 프로그램 등은 모두 끄고 컴퓨터 작동 능력을 최상으로 유지해야 합니다.

⑤ 컴퓨터

간혹 "휴대폰으로 시험 볼 수는 없나요?"라는 질문을 받곤 합니다. DET는 오직 컴퓨터로만 응시가 가능합니다. 따라서 컴퓨터 확보는 필수이며, 이어서 소개하는 컴퓨터 관련 항목까지 꼼꼼히 확인해보시기 바랍니다.

컴퓨터 필수 준비 항목

윈도우나 맥 OS가 설치된 컴퓨터라면 데스크탑이든 노트북이든 상관없이 시험에 응시할 수 있습니다. 단, 컴퓨터 기종과 관계없이 다음의 요구 조건을 모두 갖추어야 합니다.

① 전면 카메라

시험 중에 항시 응시자의 얼굴을 비추는 전면 카메라가 필요합니다. 이는 혹시 모를 부정행위를 방지하기 위함입니다. 카메라의 위치는 자신의 눈높이와 수평이 되는 것이 가장 좋습니다. 만약 카메라가 눈높이보다 낮게 위치해 있다면 모니터를 보고 있어도 AI는 화면 위쪽을 보고 있다고 인식할 수 있고, 반대로 카메라가 눈높이보다 높게 위치해 있다면 화면 아래를 보고 있다고 인식할 수 있습니다.

노트북에 탑재된 카메라로도 시험 응시가 가능합니다. 만약 노트북이나 모니터에 전면 카메라가 따로 탑재되어 있지 않다면 외부 기기를 컴퓨터에 연결하여 응시해야 합니다.

② 마이크

스피킹 답변 시간이 아니더라도 시험 중에는 마이크가 항상 켜져 있어야 합니다. 이를 위해 마이크 성능에 문제가 없는지 반드시 확인해야 합니다.

〈마이크 및 카메라 점검 방법〉

- 컴퓨터 내 '음성 녹음기' 프로그램(마이크만 점검)

- Zoom 화상 프로그램(마이크+카메라 점검)

- Google Meet 화상 프로그램(마이크+카메라 점검)

위의 프로그램을 이용하여 마이크와 카메라가 제대로 작동하는지 확인할 수 있습니다.

〈마이크 점검 체크리스트〉

- 음성이 깨끗하게 잘 들리는지

- 잡음이 섞여 녹음되지는 않는지

- 마이크 위치가 너무 가깝거나 멀지 않은지 등

③ 스피커

시험 중 이어폰 및 헤드셋 착용은 금지됩니다. 응시자가 해당 기기들을 이용해 부정행위를 해도 확인하기 어렵기 때문입니다.

시험 응시 전, 노트북 혹은 컴퓨터에 탑재된 스피커가 잘 작동하는지, 리스닝 질문을 이해하는 데에 불편함은 없는지 등을 반드시 점검해야 합니다.

시험 중 지켜야 할 규칙

1. 다른 사람의
신분증 도용 금지

2. 방 안에 응시자 외
출입 금지

3. 시험 중 귀는
항시 보여야 함

| 4. 휴대폰, 노트 등 외부 기기 사용 금지 | 5. 시험 중 필기 불가 | 6. 듀얼 모니터 사용 금지 |

| 7. 시험 중 스크린 응시 | 8. 자동 완성 기능 사용 금지 | 9. 어떤 상황에서도 시험 화면 벗어날 수 없음 |

공식적으로 규정되어 있지는 않지만 한 가지 더 주의해야 할 점이 있습니다. 시험 중 마우스 커서가 화면을 벗어나지 않도록 하는 것입니다. 마우스 커서가 화면 밖에 있다면 듀얼 모니터를 사용하거나, 다른 부정행위를 한다고 판단할 수도 있기 때문입니다. 따라서 시험 중에는 마우스 커서가 화면 내에 위치하도록 신경 써야 합니다.

4. 시험 접수 방법 및 응시 가능 횟수

시험 접수 방법

DET 접수는 단 두 단계만으로 가능합니다.

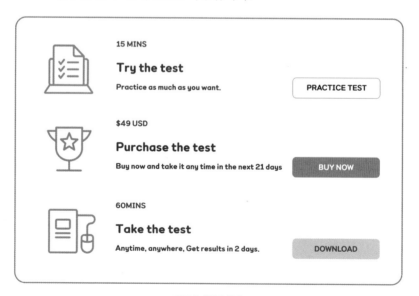

DET 홈페이지 화면

① 웹사이트 접속

홈페이지 주소: https://englishtest.duolingo.com

(사이트 오른쪽 상단 Languages 탭에서 한국어 설정 가능.)

② 'BUY NOW(지금 구매하기)' 버튼 클릭

웹사이트 내에서 언제든지 시험을 구매하고 결제할 수 있습니다. 시험 응시는 결제일로부터 21일(3주) 이내에 완료해야 합니다.

응시 가능 횟수

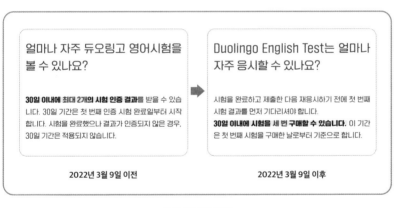

DET 홈페이지 화면

DET는 '30일 이내에 세 번'으로 응시 횟수가 제한되어 있습니다.

2022년 3월 9일부터 응시 횟수가 두 번에서 세 번으로 변경되었습니다. 매달 세 번이 아니라, '첫 번째 시험을 구매한 날로부터 30일'이 기준이라는 것을 기억해야 합니다.

시험 응시 규정

첫 번째 시험 결과를 수령한 다음 날부터 두 번째 시험 응시가 가능합니다. 다시 말해서, 첫 시험을 월요일에 쳤다고 해서 당일 혹은 화요일에 바로 두 번째 시험을 응시할 수는 없다는 뜻입니다. 월요일에 치른 시험 결과가 수요일에 나왔다고 가정한다면, 결과 발표 다음 날인 목요일부터 시험 응시가 가능합니다.

DET 성적 유효 기간

DET의 성적 유효 기간은 2년입니다. 이는 TOEFL, IELTS 등 타 시험과 동일합니다.

꼭 최근의 시험 결과만 유효한 것은 아닙니다. 예를 들어 첫 번째 시험 결과가 100점이고 두 번째 시험 결과가 95점으로 떨어졌다면, 100점이 나온 결과를 선택하여 대학이나 기관 등에 보낼 수 있습니다. 따라서 혹여 더 낮은 점수가 나올까 봐 다시 응시하는 것이 두려웠다면 너무 걱정하지 않으셔도 됩니다.

결과 미인증 시 응시 횟수 차감 여부 및 재결제 규정

시험 결과 미인증 시 응시 횟수 차감 여부

결과를 받지 못한 시험도 응시 횟수에 포함되는 걸까요?

DET는 기술적인 문제 발생, 부정행위 의심 등을 이유로 시험 결과가 미인증되기도 합니다. 미인증된 시험은 응시 횟수에 포함되지 않습니다. 즉,

시험 결과를 받은 경우에만 응시 횟수로 카운트됩니다. 이때 계정이 차단되었다는 말이 없는 경우에는 시험 구매일로부터 21일 이내에 재시험을 치를 수 있습니다.

시험 결과 미인증 시 재결제 규정

보통 첫 번째로 미인증을 받은 경우는 무료로 재응시 기회를 주지만, 두 번째로 미인증이 되었을 경우에는 재결제 요청을 받게 됩니다. 그런데 기계적 결함으로 미인증이 된 경우라면 무료로 재응시 기회를 주기도 합니다. 이는 시험 시기 및 규정에 따라 변경될 수 있기에 응시 전에 한 번 더 확인하시기 바랍니다.

5. 2022년 상반기 DET 업데이트 총정리

2022년 상반기, DET에 매우 다양한 변화가 생겼습니다. 간혹 시험이 업데이트되었다는 것을 모르는 상황에서 예전 정보만을 가지고 테스트를 준비하는 경우가 있습니다. 바뀐 내용을 정확히 숙지해야 손쉽게 목표 점수를 달성할 수 있습니다. 지금부터 DET의 가장 큰 3가지 변화에 대해 알아보겠습니다.

'쓰기 인터뷰' 유형도 Overall 점수에 반영 (2022년 2월 28일부터)

What is changing?
Beginning on February 28, the Writing Sample will be a scored question, contributing to the overall score as well as the Literacy and Production subscores. Everything else about the question type will remain the same, including the directions, time limit, and question flow. It will continue to be shared to institutions with your results.

DET에서 이메일로 발송한 시험 업데이트 공지 내용

인터뷰 섹션은 Writing Sample(쓰기 인터뷰)과 Speaking Sample(말하기 인터뷰)로 구성되어 있습니다. 각각 1문제씩 출제되며 모든 화면이 녹화됩니다. 이전까지 해당 인터뷰는 영상으로 녹화되어 대학교 혹은 기관에 참고자료료 전달될 뿐 점수에는 영향을 끼치지 않았습니다. 그러나 2022년 2월 28일부터 '쓰기 인터뷰'가 점수에도 영향을 주는 것으로 변경되었습니다.

쓰기 인터뷰 유형은 50단어 쓰기(Read, then Write) 유형과 같이 Literacy, Production 항목 점수에 반영됩니다. 2022년 9월을 기준으로 말하기 인터뷰는 점수에 영향을 미치지 않지만, 이 또한 추후 변경될 수 있습니다.

2. 응시 횟수 30일 이내 2회에서 3회로 변경 (2022년 3월 9일부터)

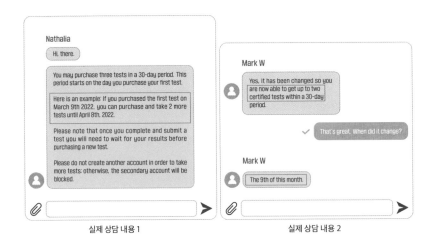

실제 상담 내용 1   실제 상담 내용 2

DET 웹사이트에서 실시간 Q&A로 나눈 대화 내용

DET는 30일 이내에 단 두 번만 시험을 치를 수 있었고, 그만큼 응시자는 매우 신중히 시험을 봐야 했습니다. 그런데 2022년 3월 9일부터는 30일 이내에 세 번까지 시험에 응시할 수 있는 것으로 횟수 제한이 변경되었습니다. 이는 학습자에게 약 한 달에 한 번 정도 시험 기회를 추가로 제공하는 것이므로 매우 중요한 변화입니다.

만약 아직 DET에 응시해본 적이 없다면?

변경된 시험 횟수를 기회 삼아 이 책을 최소 2회 정독한 후 실제 시험에 응시해보는 것도 좋습니다. DET는 실제 시험을 한 번이라도 경험해본 것과 하지 않은 것의 차이가 크기 때문입니다.

3. 리딩 섹션 신유형 추가(2022년 3월 29일부터)

리딩 섹션 신유형은 DET 웹사이트에서 연습문제로만 제공되었습니다. 이를 통해 DET에서는 해당 유형이 실제 영어 실력을 평가하는 데에 얼마나 도움이 되는지 데이터를 축적했을 것입니다. 이후 해당 유형은 점수 산정에 포함되는 공식 문제로 2022년 3월 29일부터 출제되고 있습니다.

꼭 기억해야 할 점은, 신유형이 추가된 것과 별개로 DET 시험 시간은 60분으로 변동이 없다는 것입니다. 또한, 추가와 동시에 따로 삭제된 유형이 있는 것도 아니라 각 유형의 출제 빈도수를 조정해 리딩 섹션 문제의 풀이 시간을 확보했습니다. 신유형을 추가하여 시험의 전문성은 높이되, 응시자들에게 부담이 되지 않도록 시험 시간은 유지했다는 의미입니다.

리딩 섹션 유형은 빈칸 채우기(Read and Complete) 유형보다 지문이 길어 걱정하는 학습자가 많았지만, 주관식이 아닌 객관식이므로 오히려 기회로 삼을 수 있습니다. 정답 확률이 적은 선택지를 하나씩 소거하는 방식으로 풀이한다면 정답 확률을 높일 수 있습니다.

리딩 섹션은 2개 지문, 총 12개 문제가 출제되므로 점수에 반영되는 비율이 적지 않습니다. 만약 120점 이상의 고득점을 목표로 한다면 독해력 향상 학습에 집중해보시기 바랍니다.

사물 이름 말하기 유형 영구 삭제
(2020년 11월부터)

Speak the English word for each image

 Duolingo English Test Support

Hello.
Thank you for contacting Duolingo English Test support.
You are correct. This type of question is no longer available in the test.
Let us know if you need further assistance.
Thank you and good luck.
Stay safe!

DET 공식 서포트 이메일로 질문을 남겨서 받은 답변

추가로 말씀드리자면, 2020년 11월부터는 사물 이름 말하기 유형이 출제되지 않습니다.

저는 DET가 출시되고 난 뒤, 유튜브를 통해 국내에 처음으로 이 시험을 소개하였기에 이 테스트의 변화 양상을 잘 알고 있습니다. 2020년 당시에는 사물 이름 말하기 유형이 있어 출제의도와 공부법도 같이 소개하였습니다. 사진을 보자마자 떠오르는 단어를 3초 안에 말하는 유형으로, 단어만 알고 있으면 스피킹 점수를 받을 수 있으니 학생 입장에서는 꽤 수월한 유형이었지요. 하지만 아쉽게도 이 유형은 영구 삭제되어 더 이상 시험에서 볼 수 없게 되었습니다.

지속적인 시험의 발전을 위해 DET는 변별력을 가리기 위한 연구를 끊임없이 계속하고 있습니다. 어쩌면 지금이 목표를 달성하기에 가장 수월한 시기일 것이라는 생각이 들기도 합니다. DET는 추후에도 계속 업데이트될 가능성이 높기 때문에 시험 준비 기간 동안에 바뀌는 내용이 없는지 수시로 확인해주시기 바랍니다.

2장

듀오링고 테스트
점수 완벽 분석

1. DET 점수대별 특징 이해하기

10 ~ 55 (초급)
✓ 가장 기본적인 영어 단어 및 구문 이해 가능
✓ 간단한 정보를 이해하며, 익숙한 구문 속에서 자신을 표현 가능

60 ~ 95 (중급)
✓ 일상적인 주제에 대한 구체적인 구문 및 글의 주요 논점 이해 가능
✓ 어색함과 주저함이 있을 수 있지만 경험, 포부, 의견 및 계획 등 설명 가능

100 ~ 125 (중상급)
✓ 익숙하지 않은 주제에 대해서도 대부분의 의사소통 가능
✓ 구체적이고 추상적인 글의 주요 논점을 모두 이해 가능
✓ 능숙한 언어 구사자와 쉽게 의사소통 가능

130 ~ 160 (고급)
✓ 일부 특별한 언어 사용 환경에서의 다양하고 어려운 구어 및 문어 이해 가능
✓ 함축적, 비유적, 실용적인 표현과 관용구 역시 이해 가능
✓ 대부분의 사회적, 학문적, 직업적 목적을 위해 효과적으로 의사소통 가능

DET는 점수대별로 응시자의 영어 실력을 이와 같이 구분합니다.

해당 표를 기반으로 하여, 지금까지 제가 4,000명 이상의 DET 학습자와 소통하며 알게 된 사실과 약 1,000명의 학생들에게 1:1로 컨설팅하였던 데이터를 결합해 실질적인 점수대별 특징을 정리해보았습니다.

DET 10~55점대 학습자

누리쌤의 핵심 진단! ────────────────

· 하고 싶은 말을 단어 위주로 얘기함.

· 문장 구사가 어려움.

· 기본 문법 다수 오류.

극복 공부법!

✓ Oxford 3,000단어 암기

DET 60점 미만의 학생들은 단어 공부가 가장 중요합니다. 구글에서 'Oxford 3,000 PDF'라고 검색하면 해당 단어집을 무료로 다운로드할 수 있으며, 출력 또한 가능합니다.

이는 원어민들이 가장 많이 사용하는 단어 3,000개의 목록을 옥스퍼드 대학교가 선정한 것입니다. 만약 이 단어들을 모른다면 영어로 대화하는 것에 다소 어려움을 느낄 수 있습니다. 따라서 어휘 학습은 여기서부터 시작하는 것을 추천합니다.

✓ 영어로 하고 싶은 말을 최대한 많이 해보기

영어를 못하는 게 아니라 영어를 많이 사용해본 적이 없어서 자신감이 낮은 상태일 수 있습니다. 영어는 단지 '언어'이기 때문에 누구나 잘할 수 있습니다. 매일 영어로 많이 말하고 써본다면 시간이 지날수록 더욱 자연스러워지고, 그렇게 쌓은 공부량은 자신감과 실력으로 이어질 것입니다.

✓ 문법보다 소통(전달력)에 집중하기

문법에 신경 쓰기보다는 상대방에게 자신이 하고 싶은 말의 의미를 영어로 잘 전달하는 것에 먼저 집중할 때입니다. 문법에 너무 집착하다 보면 말이 유창하게 나오지 않게 되고, 그러면 원활하게 소통할 수 없기 때문입니다. 이는 곧 영어 실력이 향상될 수 없음을 뜻하고, 새로운 언어를 배우는 목적에도 벗어납니다. 따라서 우선 하고 싶은 말을 영어로 잘 전달하는 데 집중한다면 자연스레 유창성이 확보되면서 이후 문법 등 세부 사항을 점검할 수 있게 됩니다.

DET 60~95점대 학습자

누리쌤의 핵심 진단!

· 하고 싶은 말을 할 수 있지만 유창성이 부족함.

· 문장으로 얘기하지만 문법 오류가 다소 있음.

· 생각하지 못했던 주제가 나오면 답변이 어려움.

✓ Oxford 3,000단어를 실제 내 답변에 적용하기

영단어를 단순 암기만 하는 것은 결코 완벽한 공부법이 아닙니다. 뜻을 안다고 하여 그 단어를 '진짜' 알고 있다고 할 수 없습니다. 외운 것을 바탕으로 실제 자신의 스피킹, 라이팅 답안에도 활용할 수 있어야 단어를 진짜 암기했다고 할 수 있습니다. 외운 단어를 해석만 할 줄 알고 답변에 적용하지 못한다면 표현할 수 있는 범위가 좁아집니다. 따라서 이제부터는 'Oxford 3,000단어'에 수록된 단어를 최대한으로 활용해 자신의 답변을 수정, 보완해보시기 바랍니다.

✓ 기본 문법 오류 고치고 DET 100점 넘기기

지금까지 학생들의 라이팅 답변을 분석해본 결과, 기본 문법에 오류가 자주 있을 경우 100점을 넘기지 못했습니다. 따라서 해당 점수에 속한 학생이라면 자신의 라이팅 답변에 기본 문법 등 오류가 없는지 꼭 확인해야 합니다.

✓ 전반적인 영어 실력 향상을 위해 공부하기

이 점수대의 학습자는 반드시 영어 실력 향상에 집중해야 합니다. 어느 정도는 영어를 이해하지만, 어려운 난이도의 단어가 출제되거나 해석해야 할 문장의 길이가 긴 경우에는 감으로 찍는 경우가 많습니다. 따라서 영어 노출량을 늘리고, 문제풀이 기술보다 실력 향상 그 자체에 집중한다면 단번에 점수를 올릴 수 있는 단계입니다. 3장 '듀오링고 테스트 문제 유형 분석 및 고득점 핵심 비법'을 참고해 실천해보시기 바랍니다.

DET 100~125점대 학습자

극복 공부법!

✓ Oxford 5,000단어 암기 후 실제 내 답변에 적용하기

Oxford 5,000단어는 원어민이 가장 많이 쓰는 3,000단어에 대학생 수준의 아카데믹한 단어까지 수록된 단어장입니다. 따라서 Oxford 5,000단어만 잘 암기해도 DET 고득점에는 문제가 없고, 나중에 유학을 가서도 일부 전문용어를 제외하면 어휘 때문에 곤란할 일은 거의 없을 것입니다. 5,000단어를 암기하여 실제 자신의 스피킹, 라이팅 답변에 적용해보세요! 120점 이상 고득점 달성에도 효과적입니다.

✓ 다양한 동의어 표현 공부하기

혹시 같은 단어만 여러 번 반복해서 사용하고 있지는 않으신가요? 만약 하나의 답변에 같은 단어를 세 번 이상 사용한다면 자신의 어휘력이 부족하다고 볼 수 있습니다. 동의어를 최대한 많이 활용하여 다양한 어휘를 알고 있다는 것을 보여주세요. 구글에 'Thesaurus'(유의어 사전이라는 뜻)라고 검색하면 나오는 웹사이트들에서 다양한 동의어를 편리하게 확인할 수 있습니다.(https://www.thesaurus.com 활용.)

✓ 다양한 주제의 배경지식 습득

　100~125점대의 학생이라면 평소 잘 아는 주제의 질문에 대해서는 답변할 수 있습니다. 하지만 생소한 주제에 대해 답변할 때는 논리성이 부족한 경우가 많지요. 이런 상황에 대비하기 위해 주제별로 할 말(아이디어)을 손쉽게 떠올릴 수 있도록 다양한 주제의 배경지식을 습득하는 것이 좋습니다.

DET 130~160점대 학습자

누리쌤의 핵심 진단! ──────────────

· 어려운 어휘가 사용된 지문을 이해할 수 있으며 답변 시에도 풍부한
  어휘 사용 가능.

· 문법 오류가 매우 적고 비유, 함축 등을 사용하여 활발한 의사소통 가능.

· 수업 참여에 문제없는 이해력 및 사고력을 보유하고 있다고 간주.

극복 공부법!

✓ 현 점수보다 더 높은 점수를 목표로 학습하기

　DET 120점 이상을 받은 학생이라면 대부분 목표 점수를 달성했을 거예요. 하지만 유학 가기 전, 아직 준비 기간에 여유가 있다면 한 단계 더 높은 대학을 목표로 공부해보시는 건 어떨까요? 자신의 한계를 한 번 더 뛰어넘어 도전해보세요!

✓ 영자 신문 및 뉴스 기사 정독하기

우리의 궁극적인 목표인 유학 성공을 위해 영자 신문 및 뉴스 기사를 정독하는 연습을 해보는 것도 좋습니다. CNN과 뉴욕타임스 사이트 등 자신의 영어 실력보다 조금 더 높은 수준의 매체를 활용해 학습해보세요. 다양한 어휘와 배경지식을 습득할 수 있습니다.

✓ 토론을 통한 논리성 및 사고력 기르기

가장 수준 높은 영어 공부는 토론이라 생각합니다. 유학을 하다 보면 수업 시간에 정말 많은 토론을 하게 되는데요. 논란이 많은 주제에 대해 논리적으로 주장을 펼쳐 상대방을 설득할 수 있어야 합니다. 이를 위해 주장에 대한 적절한 뒷받침 사례를 드는 것이 중요하며, 상대방의 반론에도 논거를 대며 답할 수 있어야 합니다.

보통 토론 주제로 가장 많이 꼽는 아래 3가지 주제를 학습해보세요.

- Should animal euthanasia be allowed?
  (동물 안락사는 허용되어야 하는가?)
- Should everyone be vegetarian?
  (모든 사람들이 채식주의자가 되어야 하는가?)
- Should the death penalty be legal?
  (사형은 합법적이어야 하는가?)

2. 평균 점수(Overall), 영역별 점수(Subscores) 핵심 분석

DET 영역별 점수 이해하기

DET 점수는 4개의 영역별 점수(Subscores)와 평균 점수(Overall)로 이루어집니다. 4개 영역은 각각 Literacy, Comprehension, Conversation, Production으로, 각 영역이 나타내는 바는 옆의 이미지를 보면 알 수 있습니다.

실제 수강생 성적&후기 (네이버 아이디 '얼공OO다코')

130 종합
다양한 상황과 모드에서 영어를 구사할 수 있는 시험 응시자의 능력입니다.
10 ├──────────────────────────┤ 160
· 특수 상황을 비롯한 다양하고 까다로운 구문과 글을 이해할 수 있습니다.
· 함축적, 비유적, 실용적인 표현과 관용어구를 이해할 수 있습니다.
· 대부분의 사회적, 학술적, 직업적인 목적을 위해 유연하고 효과적으로 언어를 구사할 수 있습니다.

140 Literacy
응시자의 읽기 및 쓰기 능력
10 ├──────────────────────────┤ 160

130 Comprehension
응시자의 읽기 및 듣기 능력
10 ├──────────────────────────┤ 160

115 Conversation
응시자의 듣기 및 말하기 능력
10 ├──────────────────────────┤ 160

130 Production
응시자의 쓰기 및 말하기 능력
10 ├──────────────────────────┤ 160

실제 DET 성적표는 이와 같이 평균 점수(Overall)와 4개의 영역별 점수 (Subscores)로 구성되어 있습니다. DET는 4개 영역의 점수를 합산하지 않고, 각 영역별 점수의 가중치를 다르게 하여 Overall 점수를 도출합니다. 영역별 점수의 비중은 테스트가 업데이트되면서 조금씩 달라지는 모습을 보입니다. 이로 인해 1년 전의 영역별 점수와 현재 영역별 점수가 같더라도 Overall 점수가 다르게 평가되기도 합니다.

영역별 점수와 영어 능력의 상관관계

DET에서 1개 영역은 2가지의 영어 능력을 반영합니다.

영역 점수	⇒	2가지 영어 능력 평가
Literacy	⇒	Reading, Writing
Conversation	⇒	Listening, Speaking
Comprehension	⇒	Reading, Listening
Production	⇒	Writing, Speaking

즉, 1개의 문제를 풀어도 2개 이상의 영어 능력이 평가된다는 뜻입니다. 이러한 프로세스로 타 시험에 비해 짧은 시간에 학생들의 영어 실력을 정확히 평가할 수 있는 것입니다.

영역별 문제 유형

Literacy(읽기 및 쓰기 능력)영역에 포함된 6가지 문제 유형

진짜 영단어 찾기(텍스트)

0:57

Select the real English words in this list

knoce	smeding	suitad	busill	damber	soxy
post	hosking	baten	advice	grandfather	brich
question	skate	invitation	groose	believe	lomes

NEXT

빈칸 채우기

2:59

Type the missing letters to complete the text below

Hippopotamuses are the fourth largest mammals in the world after whales, e l e p□□□□,
a□□ rhinoceroses). The E g y p□□□□ Hippopotamus i□ much s m a□□□□
than t□ others h o w□□□□. They c□□ live i□ the w a□□□ or o□ land.
They swim very well, and can walk or even run along the bottom of a river.

NEXT

리딩 섹션

0:28

Interactive reading

You will have 8 minutes to answer questions about a reading passage.

NEXT

사진 묘사(쓰기)

1:00

Write one or more sentences that describe the image

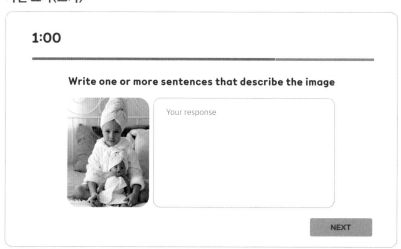

Your response

NEXT

50단어 쓰기

4:59

Respond to the question in at least 50 words

"Many people visit museums when they travel to new places. Why do you think people visit museums?"

Your response

Words: 0

NEXT

쓰기 인터뷰

0:29

Writing Sample

Your response will contribute to your score and will be available to institutions that receive your results

NEXT

Conversation(듣기 및 말하기 능력)영역에 포함된 6가지 문제 유형

진짜 영단어 찾기(리스닝)

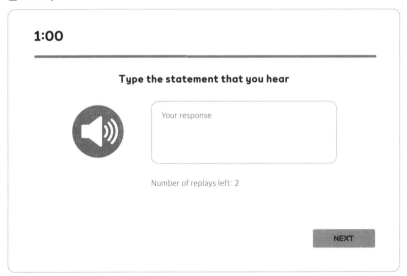

듣고 쓰기

한 문장 읽고 따라 말하기

0:20

Record yourself saying the statement below:

"My uncle is at work."

RECORD NOW

사진 묘사(말하기)

0:53

Speak for at least 30 seconds about the image below

NO MASK
NO ENTRY

● RECORDING...   NEXT

질문 보고 말하기

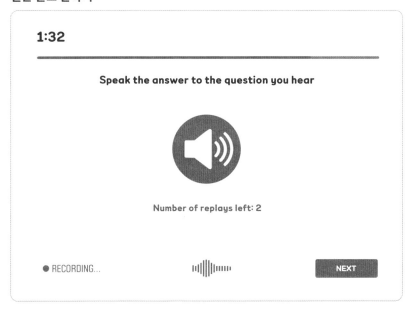

1:29

Speak your answer to the question below

Talk about a hobby or activity that you enjoy doing.
* What is it?
* How long have you been doing it?
* Who do you do it with?
* Why is it important to you?

● RECORDING...   NEXT

질문 듣고 말하기

1:32

Speak the answer to the question you hear

Number of replays left: 2

● RECORDING...   NEXT

Comprehension(읽기 및 듣기 능력)영역에 포함 6가지 문제 유형

진짜 영단어 찾기(텍스트)

리딩 섹션

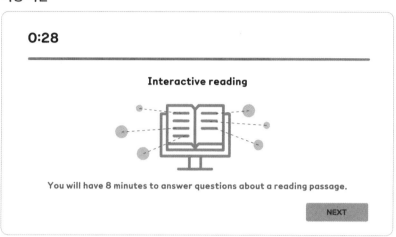

진짜 영단어 찾기(리스닝)

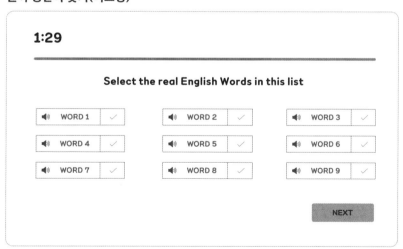

듣고 쓰기

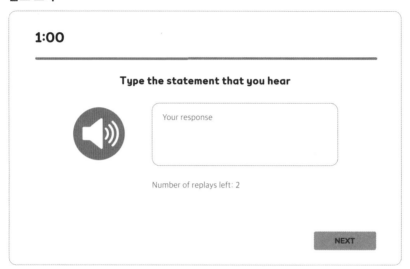

한 문장 읽고 따라 말하기

Production(쓰기 및 말하기 능력)영역에 포함된
6가지 문제 유형

사진 묘사(쓰기)

50단어 쓰기

쓰기 인터뷰

0:29

Writing Sample

Your response will contribute to your score and will be available to institutions that receive your results

NEXT

사진 묘사(말하기)

0:53

Speak for at least 30 seconds about the image below

● RECORDING...   NEXT

질문 보고 말하기

1:29

Speak your answer to the question below

Talk about a hobby or activity that you enjoy doing.
* What is it?
* How long have you been doing it?
* Who do you do it with?
* Why is it important to you?

● RECORDING... 　　ıllıll|||ıllıı　　 NEXT

질문 듣고 말하기

1:32

Speak the answer to the question you hear

Number of replays left: 2

● RECORDING... 　　ıllıll||ıllıı　　 NEXT

그렇다면 우리는 어떻게 DET에 대비해야 할까요?

　　만약 자신이 4개의 영역 중 Conversation 점수가 너무 낮다면 Conversation을 평가하는 6가지 문제 유형에서 답변을 잘하지 못했다는 뜻입니다. 따라서 다음 시험을 위해서는 해당 6가지 유형을 더욱 집중하여 학습해야 합니다. 이는 다음 시험에서 Conversation 영역 점수 향상을 이끌 뿐만 아니라, Overall 점수를 높이는 결과를 가져올 것입니다. 이제 자신의 성적표에서 Overall 점수만 보고 넘기지 말고, 각 영역별 점수를 통해 어떤 문제 유형을 보완해야 하는지 점검해보시기 바랍니다.

3. DET/TOEFL/IELTS 점수 비교표

혹시 TOEFL이나 IELTS를 공부하다 DET를 준비하고 계신가요? 그렇다면 이전에 내가 받았던 TOEFL, IELTS 점수가 DET에서는 몇 점 정도로 환산될까요?

TOEFL IBT	DET	IELTS Academic	
41~58	80~90	5.0	
59~69	95~100	5.5	
70~86	105~115	6.0	일반적으로 목표하는 점수대
87~97	120~125	6.5	가장 받기를 희망하는 점수대
98~108	130~135	7.0	대학에서 요구하는 가장 높은 점수대
109~116	140~145	7.5	
117~119	150~155	8.0	
120	160	8.5~9.0	

난이도 측면에서 DET가 TOFEL이나 IELTS보다 고득점을 달성하기 수월한 면이 있을 수 있지만 결코 DET가 만만한 시험이라 할 수 없습니다. DET를 정확히 이해하고 분석하여 최대한 효율적으로 준비해야만 단기간 고득점이 가능합니다. 본격적으로 문제 유형과 풀이 전략을 학습하기에 앞

서 우선 한국인의 평균 점수부터 점수대별로 자주 틀리는 오류까지 알아볼 것입니다. 이 데이터를 토대로 현재 자신의 상황은 어떠한지 한번 분석해 볼까요?

4. DET 점수대별 자주 틀리는 오류

한국인의 첫 DET 평균 점수는?

'한국인은 첫 DET에서 평균적으로 몇 점을 받을까?'

어느 날, DET 강의를 준비하던 중 불현듯 떠오른 생각입니다. 한국인이 받는 첫 점수가 몇 점인지를 알면, 그와 비교해 자신의 현재 영어 실력이 어느 정도 수준인지 확인해볼 수 있기 때문입니다. 이후 해당 점수를 벗어날 수 있도록 각 점수대별 특징과 자주 틀리는 오류들을 집중 공략하면 단기간 내에 고득점 달성이 가능합니다.

한국인의 첫 DET 평균 점수를 확인하기 위해 듀준사 네이버 카페, 듀오링고 컨설팅 멤버분들, 유튜브 댓글 및 상담문의 등을 통해 수집한 모든 데이터를 합산하였습니다. 분석 결과는 다음과 같았습니다.

한국인의 첫 DET 평균 점수: 85~95점

현재 자신의 DET 점수가 85점에서 95점이라면 한국인 평균에 속한다고 할 수 있습니다. 이를 보고 '내가 평균밖에 되지 않는다고?'라며 아쉬워하는 독자분들이 있을 것 같아 노파심에 한마디 더 전해드리자면, 이는 첫 시작으로써 굉장히 좋은 점수입니다. 고득점 달성 후기를 보면 '원래 저 사람은 영어를 잘했던 게 아닐까?' 하고 생각하게 됩니다. 하지만 절대 그렇지 않습니다. 처음부터 높은 점수를 받은 응시자보다 평균 혹은 평균보다 낮은 점수에서 고득점을 달성한 사례가 2배 이상 더 많았습니다. 응시자 개인마다 생활 배경과 학습 능력이 다르기 때문에 누군가와 비교하며 위축될 필요도, 자만할 필요도 없습니다. 단지 자신의 점수와 한국인 평균 점수를 비교해 현재 자신이 어느 정도 수준인지, 어떻게 준비해야 목표 점수를 단기간에 달성할 수 있는지 이해하는 것이 가장 중요합니다.

강의를 수강한 학생들을 대상으로, 실제 데이터를 더욱 면밀히 분석해보았습니다.

- **85점: 정규 교육 과정을 잘 이수했지만 이후 따로 영어 공부를 많이 하지는 못했던 학습자.**
- **90점: 미드&영화를 즐겨 보며, TOEIC, OPIC 등 시험 영어를 공부해본 학습자.**
- **95점: 어느 정도 영어 기본기가 있는 상태로 회사에서 영어를 사용하거나, TOEFL이나 IELTS 등 아카데믹한 시험 공부를 해본 학습자.**

＊이는 누리쌤의 티칭 데이터를 기반으로 한 분석이기에 개인에 따라 차이가 있을 수 있습니다.

이렇듯 85~95점대의 학습자는 하고 싶은 말을 어느 정도 영어 문장으로 답할 수 있지만, 생각하는 데 시간이 약간 걸려 유창성 및 문법에 오류가 보입니다.

그렇다면 실제 85~95점 학생들의 스피킹&라이팅 답변에서 가장 많았던 오류는 무엇이었을까요? 다른 학습자의 사례를 바탕으로 자신의 답변을 수정, 보완해보세요. 오류를 줄일수록 감점 확률도 줄어듭니다.

DET 85~95점 학습자가 자주 틀리는 '6가지 오류'

＊실제 1:1 고득점 컨설팅 수강생 85~95점대 학생들의 답안 기반.

① 단수/복수
② 시제
③ 대소문자
④ 콤마
⑤ 발음/억양
⑥ 어휘

해당 6가지 오류가 답변에서 자주 발견되면 DET 100점을 넘기기가 어렵습니다. '너무 쉬운 문법 요소라서 저는 틀리지 않았을 거예요.'라고 생각할 수 있고, 실제로도 틀리지 않았을 수 있습니다. 하지만 자신의 답변에 오류가 있을 수도 있다는 마음으로 점검하는 시간을 가져보시기 바랍니다.

① 단수/복수

*자신의 답변을 실제로 체크해보세요!

✓ 3인칭 주어를 단수형으로 잘 표현하였는가?

- **She / He / It** have (×)

- **She / He / It** has (○)

✓ 1인칭 혹은 2인칭 주어의 be동사를 잘 구분하였는가?

- **I** were / **You** was (×)

- **I** was / **You** were (○)

② 시제

*자신의 답변을 실제로 체크해보세요!

✓ 과거형 물음에 정확히 과거형으로 답변하였는가?

What were you doing three years ago?

- I work as a chef at a global hotel. (×)

- I worked as a chef at a global hotel. (○)

✓ 미래형 물음에 과거형 혹은 현재형으로 답변하지는 않았는가?

Do you have any goals you want to achieve in the next 5 years?

- I studied English hard for 5 years and succeeded in studying in America. (×)

- I am going to study English hard over the next 5 years and successfully study in America. (○)

✓ 하나의 문장에 현재형과 과거형이 혼합되어 쓰이지는 않았는가?

- I will concentrate on studying English three years ago. [×]

- I became absorbed in studying English three years ago. [○]

③ 대소문자

*자신의 답변을 실제로 체크해보세요!

✓ 문장을 대문자로 시작하였는가?

- he believes in a different point of view. [×]

- He believes in a different point of view. [○]

- protecting human health should always be the number one priority in
  life. [×]

- Protecting human health should always be the number one priority in
  life. [○]

✓ 문장 중간에 대문자로 표기되어야 하는 단어를 잘 구분하였는가?

- They have lived in new zealand for three years. [×]

- They have lived in New Zealand for three years. [○]

- I cheered ellie on to do her best. [×]

- I cheered Ellie on to do her best. [○]

✓ 문장 중간의 대소문자를 잘 구분하였는가?

- I asked Her to clean my room. [×]

- I asked her to clean my room. [○]

- If Korea's fertility rate gradually declines, The country will suffer from a serious aging problem within 10 years. (×)
- If Korea's fertility rate gradually declines, the country will suffer from a serious aging problem within 10 years. (○)

콤마 뒤에 나오는 알파벳을 대문자로 표기하는 오류가 꽤 많았습니다. 콤마 이후 나오는 단어는 문장의 시작점에 위치한 것이 아니기에 소문자로 표기해야 합니다.

하지만 문장 중간에도 꼭 대문자를 써야 하는 경우가 있습니다.
- 사람 이름
- 나라 이름, 장소, 언어, 노래, 책, 영화 등의 제목
- 자신을 언급할 때
- 날짜(요일&월) 등

④ 콤마

＊자신의 답변을 실제로 체크해보세요!

✓ 필요한 곳에 빠짐없이 콤마를 사용했는가?
- Also I think children should reduce the time they spend playing games. (×)
- Also, I think children should reduce the time they spend playing games. (○)

- When adults start learning a second language they must first study the words they need for effective learning. (×)

- When adults start learning a second language, they must first study

  the words they need for effective learning. [○]

이외에도 자주 틀리는 콤마 오류는 다음과 같습니다.

- That is why, I think ~ [×]

- That is why I think ~ [○]

- Because, she has ~ [×]

- Because she has ~ [○]

- I think, he needs ~ [×]

- I think he needs ~ [○]

⑤ 발음/억양

＊자신의 답변을 실제로 체크해보세요!

✓ 스피킹 답변 시 한국식 억양이 심하지는 않은가?

- I wanted to

→ [아이 원티드 투] [×]

→ [아이 워닛투] [○]

- I can't explain

→ [아이 캔트 익스플레인] [×]

→ [아이 캐앤ㅌ 익스플레인] [○]

자연스러운 억양으로 발음해야 컴퓨터 AI가 답변을 정확히 이해할 수 있습니다. Speak naturally and clearly! 조금 더 자연스럽고 분명하게 말하는 연습을 해보시기 바랍니다.

✓ 너무 작은 소리로 자신감 없게 답변하지 않았는가?

너무 작은 소리로 말하면 마이크에 제대로 수음되지 않을 수 있습니다. 이런 상황에 대비해 평소보다 더 자연스럽고 분명하게 답변하는 연습을 하는 것이 좋습니다. 자신의 영어 실력을 뽐내고 오겠다는 마음가짐으로 자신감을 가지고 시험에 임한다면, 고득점을 받을 확률도 자연스레 높아집니다.

⑥ 어휘

＊자신의 답변을 실제로 체크해보세요!

✓ 너무 쉬운 동사만 쓰지 않았는가?

영어는 동사가 매우 중요한 언어라 생각합니다. 만약 답변 시 사용한 동사가 너무 쉬운 단어라면, 이를 보다 더 아카데믹한 어휘로 바꾸어 답변하는 것이 좋습니다.

내 답변 내가 첨삭하는 법

1. 자신의 스피킹, 라이팅 답변을 보고 동사에만 동그라미 표시를 해보세요!
2. 답변한 동사들을 검토했을 때 '앗, 이 동사들은 나 말고 다른 사람들도 많이 쓸 것 같은데?'라는 생각이 든다면 기본적인 동사들만 이용해 답변했을 가능성이 높습니다.
3. 이제 그 동사들을 자신이 알고 있는 더 아카데믹한 동의어 표현들로

바꾸어보세요.

4. 예를 들어 '사다'라는 단어의 동의어를 찾고 있다면 '사다'라고만 생각하는 것이 아니라, 더 폭넓게 생각하는 거예요.

   Ex) 사다 = 구매하다 = 얻다 = 구하다
       buy = purchase = obtain = acquire

5. 더 많은 아카데믹 동사 동의어를 찾고 싶다면?
   - 구글에 'Academic Strong Verbs List' 검색
   - 구글에 'Synonyms of (찾으려는 동사)' 검색
   - Thesaurus 웹사이트 이용(https://www.thesaurus.com)

✓〈위 방법을 통해 찾은 실제 '동사 동의어' 예시〉

1) did → conduct, carry out

2) explain → interpret, inform

3) show → illustrate, highlight

4) make → generate, create

DET AI는 아카데믹한 표현을 많이 사용하는 학습자를 '어휘력이 풍부하다'고 인식해 더 높은 점수를 줄 수밖에 없습니다.

지금까지 소개한 6가지 오류는 영어시험에서 명백히 틀린 것으로 간주되기에 감점을 받게 됩니다. 이러한 기본 문법에서 감점이 누적될수록 실제 시험에서 DET 100점 이상을 받기가 어렵습니다. (더 자세한 감점&가산점 법칙은 4장을 참고해주시기 바랍니다.)

3장

듀오링고 테스트 문제 유형 분석 및 고득점 핵심 비법

1. 실제 시험 화면 분석

Your time remaining

The directions that tell you what to do

Try to stay in frame!

Your progress through the test

Your progress through the test

The prompt to which you are responding

1:32

Type the missing letters to complete the text below

Sam bought a new coat yesterday. He [i][s] often co[l][d], [a][n][d] he c[h][o][s][e] a c[o][□][□] that [i][□][□] warmer [t][h][□][□] his o[□][□] jacket. he c[o][□][□] is g[r][□][□] and r[□][□]. It [i][□][o][□][□][□] good w[i][□][□][□] his r[□][□] hat. He is going to wear it every day this winter.

NEXT

How to submit your answer and move on

Your time remaining

문제 유형에 따라 제한시간은 모두 다릅니다. 제한시간이 초과되면 바로 다음 문제로 넘어가지며, 이전 화면으로 되돌아갈 수 없습니다. 문제를 풀이하면서 남은 시간을 수시로 확인해주세요.

The directions that tell you what to do

문제풀이 방법이 안내되어 있습니다. 미리 문제 유형별 풀이 방법을 알고 있어야 하며, 스피킹&라이팅의 경우 세부 질문을 꼼꼼히 읽어보아야 합니다.

Try to stay in frame!

시험을 응시하는 중에는 얼굴 전체가 항시 카메라 안에 위치해 있어야 합니다.

Your progress through the test

해당 문제를 얼마나 풀었는지에 따라 주황색 바가 점점 채워집니다.

The prompt to which you are responding

우리가 가장 초점을 맞추어야 할 부분입니다. 1개의 문제도 놓치지 않고 모두 풀이해야 합니다. DET 웹사이트의 연습문제를 풀어보며 문제풀이의 감을 잃지 않도록 하는 것이 좋습니다.

How to submit your answer and move on

NEXT 버튼을 누르면 풀이한 답안이 자동으로 제출됩니다. 시간이 초과되어 화면이 넘어가도 풀이한 부분까지는 모두 자동 저장됩니다.

2. DET 문제 유형 분석 및 맞춤형 공부법 전격 해부

DET 점수 반영 문제 유형 모음

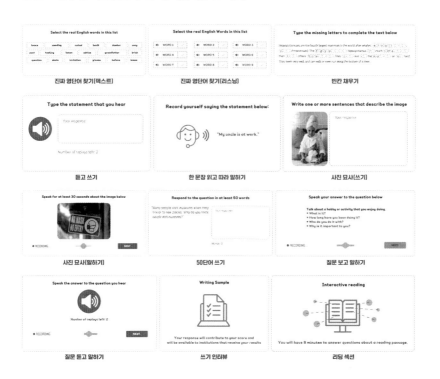

진짜 영단어 찾기(텍스트)

진짜 영단어 찾기(리스닝)

빈칸 채우기

듣고 쓰기

한 문장 읽고 따라 말하기

사진 묘사(쓰기)

사진 묘사(말하기)

50단어 쓰기

질문 보고 말하기

질문 듣고 말하기

쓰기 인터뷰

리딩 섹션

점수에 반영되는 모든 문제 유형들입니다. 각 문제 유형들은 어떤 특징을 가지고 있을까요? 그리고 높은 점수를 받기 위해서는 어떻게 해야 할까요?

이 장에서는 여러분이 궁금해하시는 'DET 고득점 핵심 비법'을 전수합니다. DET 문제 유형들을 아래 형식에 따라 모두 분류하였습니다.

- 유형소개
- 문제풀이 All Steps
- 고득점 핵심 TIP
- 유형 공부에 도움이 될 추천 웹사이트
- 웹사이트를 활용한 공부법

제가 쌓아온 모든 비법과 데이터를 담으려 노력했습니다. 책을 읽으며 자신이 놓쳤던 부분이 있거나, 기억해야 할 정보가 있다면 따로 필기해보세요. 최소 2회독하며 이론을 이해하고, 실제 문제풀이에도 적용해보시기 바랍니다.

유형 1. 진짜 영단어 찾기(텍스트)
Read and Select

1:00

Select the real English words in this list

knoce	smeding	suitad	busill	damber	soxy
post	hosking	baten	advice	grandfather	brich
question	skate	invitation	groose	believe	lomes

NEXT

◈ 유형소개
제시된 18개 단어 중 실제로 존재하는 영단어 찾기

◈ 제한시간
60초

◈ 채점영역
Literacy, Comprehension

◈ 출제 문제 개수
4~6개(다수 출제)

꼭 기억하세요!

✓ 어디서 본 것 같은 모호한 단어라고 생각되면 그냥 넘어가기.

✓ walks, wants, watching처럼 단수, 복수, 시제가 변형된 단어 모두 선택 필수

'진짜 영단어 찾기(텍스트)' 문제풀이 All Steps

▶ 문제풀이 STEP 1!

확실히 아는 단어만 빠르게 선택

- 총 18개의 단어가 화면에 보인다.
- 처음에는 확실한 단어만 빠르게 선택한다.

▶ 문제풀이 STEP 2!

80% 이상 확신하는 단어 추가로 선택

- '이 단어는 이 뜻이야!'라고 80% 정도 확신이 있는 단어는 추가 선택한다.
- 감으로만 선택하면 틀릴 가능성이 높다.

▶ 문제풀이 STEP 3!

체크하지 않은 단어 검토

- 어디서 본 것 같은 애매한 단어라고 생각되면 그냥 넘어간다.
- 함정에 걸리지 않는 것이 맞히는 것보다 더 중요하다.

▶ 문제풀이 STEP 4!

체크한 단어 모두 재검토 후 제출

- 1개의 스펠링 오류도 없이 정확한 단어인지 꼼꼼히 검토한다.

- 단수, 복수, 시제가 변형된 단어에 유의하여 선택한다.

  Ex) Gave (O) , Gived (X)

누리쌤 고득점 핵심 TIP!

- 맞는 단어를 놓쳤을 때보다 틀린 단어를 맞다고 체크할 때 더 큰 감점을 받아요.

  70~80% 이상은 뜻을 확신하는 단어에만 체크하세요. '아닌 것 같은데.'라며 확신 없는 단어에는 체크하지 않는 것이 좋아요.

- 평균 정답 개수는 없어요.

  만약 정답 개수에 평균이 있다고 해도 이로 인해 오답에 현혹될 수 있어요. 따라서 자신이 평소 외워둔 확실한 단어만 선택하는 것이 정답률을 높일 수 있어요.

- 연습문제 단어는 꼭 암기해주세요.

  DET의 공식 학습자료는 웹사이트의 연습문제예요. '진짜 영단어 찾기' 유형 연습문제를 풀다 모르는 단어가 나오면 꼭 따로 필기하여 암기해주세요.

'진짜 영단어 찾기(텍스트)' 유형 학습에 도움이 되는 웹사이트

Quizlet

홈페이지: https://quizlet.com

◆ 효율적인 단어 학습이 가능한 무료 플랫폼.

◆ '나만의 학습 세트 만들기' 기능을 활용해 나만의 단어장 제작 가능.

◆ 단어장 제작 시 언어를 영어와 한국어로 설정해놓으면 영단어 입력 시 한국어 뜻을 자동으로 추천해줌.

◆ '학습하기' 및 '테스트' 기능을 활용하여 내가 입력한 단어를 가지고 문제풀이 가능.

◆ 맞았던 단어는 다시 보여주지 않고, 틀렸던 단어만 계속 보여주어 효과적인 어휘 학습 가능.

이대로만 학습하세요!

☑ 1. 구글에 'Oxford 3,000 PDF' 검색하여 무료로 다운로드하기.

☑ 2. 다운로드한 파일을 보며 모르는 영단어에 형광펜으로 표시하기.

☑ 3. Quizlet 홈페이지 혹은 앱에 들어가 형광펜으로 표시한 단어를 나만의 학습 세트에 넣기.

☑ 4. '학습하기', '테스트' 기능을 활용하여 내가 직접 만든 Quizlet 단어장 문제 풀어보기.

☑ 5. '학습하기', '테스트' 기능으로 문제풀이를 할 때 주관식과 객관식 문제가 섞여 나오는데, 100% 객관식으로 설정하면 더 빠르게 문제풀이가 가능함.

유형 2. 진짜 영단어 찾기(리스닝)
Listen and Select

1:30

Select the real English Words in this list

◀)) WORD 1 ✓	◀)) WORD 2 ✓	◀)) WORD 3 ✓
◀)) WORD 4 ✓	◀)) WORD 5 ✓	◀)) WORD 6 ✓
◀)) WORD 7 ✓	◀)) WORD 8 ✓	◀)) WORD 9 ✓

NEXT

◈ 유형소개
제시된 9개 단어의 음성을 듣고 진짜 영단어 선택

◈ 제한시간
1분 30초

◈ 채점영역
Conversation, Comprehension

◈ 출제 문제 개수
4~6개(다수 출제)

꼭 기억하세요!

✓ 반복 청취 가능하며, 횟수에는 제한 없음.

✓ 선택지는 9개로 '진짜 영단어 찾기(텍스트)'의 절반이지만, 제한시간은 30초가 더 많아 비교적 시간 여유가 있는 유형.

✓ 아주 사소한 차이로 틀린 단어를 만들어 출제함.

'진짜 영단어 찾기(리스닝)' 문제풀이 All Steps

▶ 문제풀이 STEP 1!

단어마다 빠르게 세 번씩 들어보고 선택

• 세 번 들었는데 확실하지 않은 단어는 바로 넘어간다.

(청취 횟수에 제한이 있는 것은 아니나, 더 들어도 계속 헷갈릴 가능성이 높기 때문.)

▶ 문제풀이 STEP 2!

체크하지 않은 단어 두 번씩 들어보기

• 완전히 틀린 단어와 애매한 단어로 나누어 분류한다.

• '진짜 영단어 찾기(텍스트)' 유형과 마찬가지로, 확실하지 않은 단어에는 섣불리 체크하지 않는 것이 좋다.

▶ 문제풀이 STEP 3!

체크한 단어 다시 들으며 재검토

• 70~80% 정도 확신이 들면 선택을 유지한다.

• 뜻이 떠오르지 않거나 애매한 단어는 한 번 더 검토 후 과감히 선택을

해제한다.

누리쌤 고득점 핵심 TIP!

- **성우의 억양 및 발음이 깔끔하지 않을 수도 있어요.**

  북미 발음이 아닌 다른 억양의 성우 음성도 들릴 수 있으니 다양한 억
  양에 익숙해지는 것이 좋아요.

- **평소에 내가 발음해본 단어만 들려요.**

  아는 단어도 다시 한번 발음을 들어보고, 같이 따라 하는 식으로 미리
  공부해두세요. 단어의 강세 및 억양을 정확히 모른다면 아는 단어도 틀
  릴 가능성이 높아요.

- **영단어 뜻을 1:1 주입식으로 암기하면 어려워요.**

  암기한 단어를 자신의 스피킹&라이팅 답변에 실제로 적용해 사용하
  면서 친숙해져야 '진짜 영단어 찾기(리스닝)' 유형에서도 고득점을 기
  대할 수 있어요.

'진짜 영단어 찾기(리스닝)' 유형 학습에 도움이 되는 웹사이트

홈페이지: https://youglish.com

- ◆ 단어를 검색하면 유튜브 영상 중 원어민들이 그 단어를 실제로 말하
  는 영상만 찾아 보여주는 웹사이트.

◆ 정확한 영어 자막을 제공하며, 다양한 나라의 억양으로 학습 가능.

◆ 리플레이 기능으로 반복 청취 가능.

◆ 영상 하단의 넘기기 버튼으로 다른 유튜브 영상도 확인 가능.

이대로만 학습하세요!

☑ 1. 'Oxford 3,000단어' 혹은 'Oxford 5,000단어'를 살펴보며 발음이 어려운 어휘 검색.

☑ 2. 학습하고 싶은 억양으로 설정. (미국: US , 영국: UK , 호주: AUS)

☑ 3. 검색한 단어를 현지인들이 발음하는 영상을 보고 들으며 따라 말하기. (발음, 억양에 집중.)

☑ 4. 그중 좋았던 예문 1가지를 Quizlet 나만의 학습 세트에 저장하기.

☑ 5. 실제 발음과 예문을 들으며 학습하였기 때문에 장기 기억으로 남고 실제 스피킹&라이팅 적용에도 수월함.

유형 3. 빈칸 채우기
Read and Complete

3:00

Type the missing letters to complete the text below

Hippopotamuses are the fourth largest mammals in the world(after whales, e l e p ☐ ☐ ☐ ☐ , a ☐ ☐ rhinoceroses). The E g y p ☐ ☐ ☐ ☐ Hippopotamus i ☐ much s m a ☐ ☐ ☐ ☐ than t ☐ ☐ others h o w ☐ ☐ ☐ ☐ . They c ☐ ☐ live i ☐ the w a ☐ ☐ ☐ or o ☐ land. They swim very well, and can walk or even run along the bottom of a river.

NEXT

◈ 유형소개
빈칸의 단어들을 모두 채워 본문 완성하기

◈ 제한시간
3분

◈ 채점영역
Literacy, Comprehension

◈ 출제 문제 개수
4~6개(다수 출제)

꼭 기억하세요!

✓ 화살표 키를 눌러 다음 칸으로 이동할 필요 없음. 단어를 쓰면 자동으로 칸이 바뀌고, 틀렸을 경우 백스페이스를 누르면 자동으로 이전 빈칸의 단어들이 지워짐.

✓ 문맥 파악 없이 빈칸만 본 뒤 떠오르는 단어를 쓰고 넘어가면 틀릴 가능성이 높음.

✓ 한 문장씩 해석하고 빈칸을 채우는 것보다 지문 전체를 이해하고 풀어야 정답률 상승.

'빈칸 채우기' 문제풀이 All Steps

▶ 문제풀이 STEP 1!

첫 문장과 끝 문장 먼저 이해하기

• 첫 문장과 끝 문장은 대개 완성된 문장으로 제시된다.

• 즉, 출제의도는 이를 바탕으로 본문을 이해하며 빈칸을 추론하라는 뜻이다.

• 첫 문장과 끝 문장 해석이 빈칸 채우기 답변의 핵심 Key가 된다.

▶ 문제풀이 STEP 2!

쉽게 풀리는 빈칸의 단어들 우선 풀이

• 지문을 빠르게 훑으며 생각나는 단어들을 먼저 채운다(기본 단어, 전치사, 구동사 등).

• 이때 풀리는 빈칸이 많다면 비교적 쉬운 지문이라 판단할 수 있다.

• 다만 이때 찾지 못한 단어가 많다면 많은 시간이 소요될 수 있으므로

제한시간을 수시로 체크한다.

▶ 문제풀이 STEP 3!

어느 정도 채워진 단어로 문맥 이해하며 남은 빈칸 풀이

- 이때부터는 본격적으로 지문 이해에 초점을 두어야 한다.
- 1개 문단만 잘 독해하면 되기 때문에 가급적 감에 의존하기보다 지문을 꼼꼼히 이해하며 빈칸을 추론한다.

▶ 문제풀이 STEP 4!

처음부터 끝까지 의미 파악하며 본문 검토

- 모든 단어를 채웠다면 기본 문법을 먼저 검토하는 것이 좋다(스펠링, 시제, 품사, 수일치 등).
- 해석이 매끄럽지 않은 문장이 있다면 또 다른 가능성 있는 어휘를 대입해보고 더 매끄러운 단어를 선택한다.

▶ 문제풀이 STEP 5!

마지막 10초! 풀지 못한 빈칸 어떻게든 채우기

- 문맥에 맞지 않더라도 말이 되는 단어들로 빈칸을 빠짐없이 채운다.
- 아는 단어를 채우지 못하는 일은 없어야 하므로 마지막까지 빈칸에 알맞은 단어를 계속해서 생각한다.

누리쌤 고득점 핵심 TIP!

- **아무 알파벳이라도 채워서 부분 점수를 높이세요.**

  빈칸으로 두든 잘못된 답안을 채우든 감점 정도는 동일해요. 너무 생각
  이 안 난다면 비교적 많이 쓰이는 a, e, i, o, u 중 1개의 알파벳으로라도
  찍어보세요.

- **앞뒤 문장에 있는 단어들이 빈칸에 들어가는 경우도 많아요.**

  특히, 너무 긴 단어나 어려운 용어들은 앞뒤 문장에서 똑같이 제시해주
  기도 하니 꼭 주변 단어들을 체크해보세요.

- **문장에서 빠질 수 없는 필수 성분인 동사를 먼저 찾아보세요.**

  동사는 보통 수동태, 조동사+동사원형, 과거, 현재, 미래, 현재완료로
  구분해요. 본동사 앞은 주어, 뒤는 보어나 목적어라고 미리 의식해두면
  구문 독해가 좀 더 수월해져요.

'빈칸 채우기' 유형 학습에 도움이 되는 웹사이트

Breaking News English
3,231 Free English News Lessons in 7 Levels

홈페이지: https://breakingnewsenglish.com

- ◆ 0~6 레벨로 구분되어 수준에 따라 영문 기사 학습이 가능한 웹사이트.
- ◆ 낮은 레벨일수록 쉬운 단어를 이용해 단조로운 문장 구성.
- ◆ 높은 레벨일수록 어려운 어휘를 사용하지만 그만큼 내용이 자세한 장
  점이 있음.

◆ 짧은 2개 문단으로 구성된 영문 기사를 읽을 수 있어 부담 없이 집중 학습 가능.

이대로만 학습하세요!

☑ 1. 처음에는 Level 3 난이도로 설정한 후 처음부터 끝까지 본문 쭉 읽기.

☑ 2. 각 문단을 영어 1문장으로 요약하기.

☑ 3. 본문의 모든 문장을 하나씩 해석하여 써보기.

☑ 4. 기사 본문 아래에 있는 빈칸 채우기 문제 풀기.

☑ 5. 이와 같이 공부하면 기사 1개를 여러 번에 걸쳐 정독하게 되는 효과가 있음. (최소 하루 2~3개 지문 공부하기.)

유형 4. 듣고 쓰기
Listen and Type

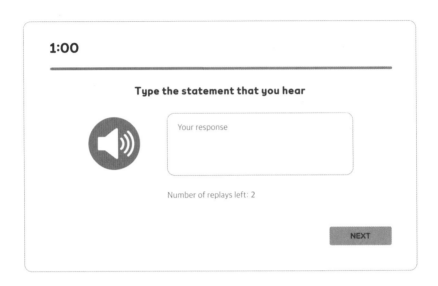

◈ 유형소개
한 문장을 세 번 들으며 쓰기

◈ 제한시간
60초

◈ 채점영역
Conversation, Comprehension

◈ 출제 문제 개수
4~6개(다수 출제)

꼭 기억하세요!

✓ 이전 문제가 끝나는 즉시 바로 녹음된 문장이 나오기 때문에 항상 집중 하기.

✓ 음성 버튼을 눌러 2회 더 청취할 수 있으니 모든 기회를 활용하여 실수 줄이기.

✓ 기본적인 문법 오류에 주의하기.

　– 대소문자, 콤마, 마침표 정확히 쓰기.

　– 관사, 전치사, 시제 등 문법 검토하는 습관 기르기.

'듣고 쓰기' 문제풀이 All Steps

▶ 문제풀이 STEP 1!

음성이 들리자마자 바로 타이핑하기

• 첫 음성을 놓치지 말고 들리는 모든 단어를 받아쓴다.

• 문장을 이해하려 하기보다 들리는 단어의 스펠링을 1개라도 더 맞게 쓰는 것이 점수에 유리하다.

▶ 문제풀이 STEP 2!

20초 안에는 한 번씩 재청취 후 타이핑하기

• 실제 시험에서 60초는 내가 듣고 쓰기에 매우 짧은 시간!

• 고민하는 사이 시간이 금방 초과되기 때문에 20초마다 한 번씩 음성을 재청취하는 것이 좋다.

• 남은 시간 60초에 1회 청취,

　남은 시간 40초에 2회 청취,

남은 시간 20초에 3회 청취,

남은 시간 10초에 문법 체크 후 다음 문제로 넘어가는 것이 가장 안정적인 풀이법이다.

▶ 문제풀이 STEP 3!

다 듣고 남은 시간이 있다면 재검토는 필수

- 기본 문법 오류는 없는지 5~10초 전 반드시 체크하고 넘어간다.

  Ex) 대소문자, 콤마, 마침표, 띄어쓰기, 스펠링
- 검토 시 문장이 매끄럽게 해석되고 이해되는지 확인한다.
- 문장이 어색하다면 동사의 -ed, -ing, -s 등 시제 오류일 가능성이 높다.

누리쌤 고득점 핵심 TIP!

- 문장이 너무 어려워도 '단어 수'는 맞힌다는 마음으로 접근해보세요.

  스펠링을 잘못 썼을 때보다 1개의 단어를 통째로 빠뜨렸을 때 더 큰 감점을 받아요. 전치사나 관사를 놓치는 경우가 가장 많으니 꼭 검토 후 넘어가세요.

- 연음 및 유화 현상에 주의하세요.

  1개 단어처럼 들렸는데 2개 단어일 수도 있고, 2개 단어처럼 들렸는데 1개 단어일 수도 있으니 이에 유의하여 청취해야 해요.

- 문장의 기본 규칙은 꼭 지켜야 해요.

  문장 시작을 알리는 대문자, 이해를 돕는 콤마, 문장의 끝을 알리는 마

침표, 의문문임을 표현하는 물음표 등을 제대로 표기했는지도 점수에
포함돼요.

'듣고 쓰기' 유형 학습에 도움이 되는 웹사이트

TEDEd

홈페이지: https://ed.ted.com

◆ 다양한 분야의 배경지식들을 애니메이션 영상으로 학습할 수 있는 웹
   사이트.

◆ 정확한 영어 자막을 제공하며, 유명한 영상은 한국어 자막도 함께 보유.

◆ 영상 대다수가 깔끔한 미국 억양의 성우가 녹음한 것.

◆ 배속 기능을 활용하여 자신의 수준에 맞게 0.75배속 혹은 1.2배속 설
   정 가능.

이대로만 학습하세요!

☑ 1. 영상 시청 후 전반적인 내용 이해하기.

☑ 2. 눈을 감고 음성만 들으며 내용 추가 파악하기.

☑ 3. 한 문장씩 듣고 일시정지 후 듣고 쓰기.

☑ 4. 영어 자막을 켜고 내가 듣고 쓰기 한 문장과 답변 비교해보기.

☑ 5. 틀린 단어와 문장은 다시 틀리지 않도록 따로 정리한 후 틀린 이유
   작성하기(단어 문제인지, 속도 문제인지, 이해력 문제인지 등).

유형 5. 한 문장 읽고 따라 말하기
Read Aloud

0:20

Record yourself saying the statement below:

"My uncle is at work."

RECORD NOW

◈ 유형소개
주어진 하나의 문장을 따라 말하기

◈ 제한시간
20초

◈ 채점영역
Conversation, Comprehension

◈ 출제 문제 개수
4~6개(다수 출제)

꼭 기억하세요!

✓ 자연스러운 억양과 발음을 평가하는 유형.

✓ 녹음 전에는 큰 소리로 문장을 말하며 연습 가능.

✓ 녹음 버튼을 누른 후부터 답변이 녹음되고 저장됨.

'한 문장 읽고 따라 말하기' 문제풀이 All Steps

▶ 문제풀이 STEP 1!

문장 읽으며 발음이 어려운 단어 찾기

- 발음하기 어려운 단어, 연음이 필요한 단어를 빠르게 눈으로 체크한다.
- 이를 정확히 발음하도록 단어의 스펠링과 앞뒤 단어의 연결을 집중적으로 확인한다.

▶ 문제풀이 STEP 2!

발음하기 어렵다고 체크한 부분을 신경 써서 소리 내어 연습하기

- 소리를 내어 연습해도 시험 인증에 문제없다.
- 단, 시선은 모니터 화면에 고정되어 있어야 하며 출제된 문장만을 연습해야 한다.

▶ 문제풀이 STEP 3!

녹음 버튼을 누르고 최대한 크게, 또박또박 문장 따라 말하기

- 빠르게 말하는 것보다 정확히 말하는 것이 중요하다.
- 제한시간 1초를 남기고 주어진 문장을 끝까지 얘기하는 것이 가장 좋다.
- 문장을 한번에 쭉 이어서 말하되, 다음 예시처럼 의미 단위로 끊어 읽

으면 실수를 줄일 수 있어 효과적이다.

Ex) I will have gone to the movies / by the time you decide / what you
want to do.

누리쌤 고득점 핵심 TIP!

• **녹음 중 틀리지 않고 말하는 것이 가장 중요해요.**
이 유형은 학생의 발음과 억양을 측정하기 때문에 주어진 문장을 최대
한 틀리거나 더듬지 않고 답변하는 것이 고득점에 유리해요.

• **잘 녹음되도록 큰 소리로 말하고, 원어민이 알아듣도록 자연스럽게 말
해보세요.**
작은 소리로 말하거나 부자연스러운 억양으로 문장을 말하면 녹음이
잘되지 않을 수 있을뿐더러 AI가 정확히 이해하지 못할 수 있어요.

• **I will, He has 등을 꼭 줄여서 말하지 않아도 돼요.**
하지만 문장이 I'll, He's 라고 주어지면 줄여서 말하는 것이 좋아요. 이때
는 줄인 발음을 평가하려는 출제의도가 있기 때문이에요.

'한 문장 읽고 따라 말하기' 유형 학습에 도움이 되는 웹사이트

YBM NET

홈페이지: https://cnn.ybmnet.co.kr
◆ CNN 뉴스의 영상과 대본, 그리고 한국어 번역까지 모두 무료로 제공

하는 웹사이트.

◆ 본문의 어려운 어휘와 한국어 뜻까지 뉴스 기사 내에서 확인 가능.

◆ 뉴스에 따라 단어 뜻 확인, 듣고 쓰기, 말하기, 섀도잉(shadowing) 등
   의 기능도 제공함.

이대로만 학습하세요!

☑ 1. 영상 시청하며 뉴스 내용 60% 이상 파악하기.

☑ 2. 영상 아래의 영어 대본을 정독하며 단어 정리하기. (Quizlet 나만의
    학습 세트에 넣기.)

☑ 3. 영상에 나오는 모든 문장을 한 문장씩 듣고 일시정지한 후 직접 따
    라 말해보기.

☑ 4. 음성을 듣지 않고 오직 대본만 보며 시험처럼 한 문장씩 또박또박
    말하며 녹음해보기.

☑ 5. 자신의 녹음 파일과 영상의 아나운서 발음을 서로 비교하며 더 자
    연스러운 억양이 되도록 연습하기.

유형 6. 사진 묘사(쓰기)
Write About the Photo

1:00

Write one or more sentences that describe the image

> Your response

NEXT

◈ 유형소개
주어진 사진의 특징을 작문하여 묘사하기

◈ 제한시간
60초

◈ 채점영역
Literacy, Production

◈ 출제 문제 개수
3개(연속으로 3문제 출제)

꼭 기억하세요!

✓ IELTS나 TOEFL 등 해외 유학 시 제출 가능한 다른 공인 영어시험에는 없는 DET만의 특수한 유형.

✓ 사진을 보지 않은 사람도 잘 유추할 수 있도록 묘사해야 함.

✓ 보통 3문제가 연달아 출제됨.

✓ 사진은 흑백일 수도 있고, 사물만 나올 수도 있음.

✓ 단조롭게 명사만 활용해 답변하지 말고 다양한 형용사와 부사를 이용.

✓ '사진 묘사(쓰기)' 문장 템플릿을 활용.

누리쌤의 사진 묘사(쓰기) 3문장 템플릿

- 첫 번째 문장: This is a picture taken in/at/on [장소] and this photo depicts [인물/사물 묘사].

  (이것은 [장소]에서 찍은 사진이고, 이 사진은 [인물/사물]을 묘사한다.)

- 두 번째 문장: [위치 표현] of this picture, there is/are [주변 묘사].

  (이 사진의 [위치 표현]에, [주변 묘사]가 있다)

- 세 번째 문장: In the distance/background/foreground, I can see [세부 배경].

  (멀리서/배경에서/전경에서, 나는 [세부 배경]을 볼 수 있다.)

＊책에 제시된 템플릿은 예시입니다. 실제 시험에서는 나만의 템플릿을 만들어 사용하시기 바랍니다.

'사진 묘사(쓰기)' 문제풀이 All Steps

▶ 문제풀이 STEP 1!

묘사 순서 잡기

- '사진 묘사(쓰기)' 유형은 답변을 준비할 시간 없이 바로 제한시간이 카운트된다.
- 사진도 소통을 위한 매개체이므로, 사진을 보면 바로 아래와 같이 생각해보자.
  - 이 사진이 말하고 있는 가장 중요한 것은 무엇인가?
  - 주변의 인물은 무엇을 하고 있고 주변 사물은 어떤 상태인가?
  - 사진의 배경은 어떠한가?

▶ 문제풀이 STEP 2!

첫 번째 문장 = 사진의 장소 설명 + 중요 인물/사물 묘사

- 템플릿: **This is a picture taken in/at/on 〔장소〕 and this photo depicts 〔인물/사물 묘사〕.**

  Ex) This is a picture taken at the office, and this photo depicts a man who is on the phone and staring at something.

- 장소에는 보통 at이 많이 사용된다. at the office, at the corner, at home 등.

- '묘사하다'의 동의어를 많이 알아두자.

  depicts = shows = illustrates = indicates = describes

▶ 문제풀이 STEP 3!

두 번째 문장 = 주변 인물/사물 묘사

- **템플릿: 〔위치 표현〕 of this picture, there is/are 〔주변 묘사〕.**

  Ex) On the right side of this picture, there is a young boy with curly, black hair.

  There are many papers on the bottom of the shelves.

- 사물 위치를 나타내는 표현을 미리 암기하자.

In the top left	At the top	In the top right
On the left	In the center/middle	On the right
In the bottom left	At the bottom	In the bottom right

▶ 문제풀이 STEP 4!

세 번째 문장 = 전체 배경 묘사

- **템플릿: In the distance/background/foreground, I can see 〔세부 배경〕.**

  Ex) In the background, I can see several small boats.

  In the foreground, we can see the blue sea stretching to the horizon.

- 배경 묘사에 쓰이는 표현을 미리 암기하자.

In the distance,	저 멀리에
In the background,	배경에
In the foreground,	전경에

누리쌤 고득점 핵심 TIP!

• **일차원적인 묘사만 해서는 고득점을 받기가 어려워요.**

사진에 바로 보이는 인물과 사물은 물론, 보이지 않는 계절과 날씨까지
유추해보세요.

• **마지막 문장은 중간에 끊겨도 괜찮아요.**

제한시간이 짧은 시험이기 때문에 마지막 문장을 마무리하지 못하는
건 당연하기도 해요. 다만 마지막 문장을 마무리했는데 중간 문장을 마
무리하지 않고 넘겼다면, 문장을 정확히 구사할 수 없는 것처럼 보여
큰 감점을 받을 수 있어요.

• **1분 제한시간 동안 세 문장을 작성해보세요.**

두 문장만 작성해서는 좋은 점수를 받기 어려워요. 세 번째 문장의 절반
정도는 작성하면 좋아요. 세 문장을 끝까지 완성한다면 고득점에 더욱
유리해요. 템플릿을 활용한다면 세 문장 작성이 보다 수월할 거예요.

'사진 묘사(쓰기)' 유형 학습에 도움이 되는 웹사이트

What's Going On in This Picture?

홈페이지: https://www.nytimes.com/column/learning-whats-going-on-in-this-picture

◆ 《뉴욕타임스》 주관의 웹사이트로, 토론의 소재가 되는 사진을 제공.

◆ 사진에는 일반적으로 아래와 같은 물음이 달려 있음.

– 사진에서 무슨 일이 일어나고 있는가?

- 무엇 때문에 그렇게 생각하였는가?

- 또 다른 무언가를 찾을 수 있는가?

◆ 기사 아래로 스크롤을 내리면 보이는 'Comments(댓글)'란에서는 전 세계 사람들이 사진을 묘사하며 댓글로 토론함.

이대로만 학습하세요!

☑ 1. 기사 사진을 보고 3문장 템플릿으로 작문하기.

☑ 2. 기사 본문에 기재된 문장으로 표현력 기르기(예시 문장이 있는 경우도, 없는 경우도 있음).

☑ 3. 아래의 'Comments'를 통해 다른 외국인들의 표현력까지 추가 학습하기.

☑ 4. 자신이 작문한 답변을 새롭게 알게 된 표현으로 수정 및 보완하며 실력 향상시키기.

유형 7. 사진 묘사(말하기)
Speak About the Photo

1:30

Speak for at least 30 seconds about the image below

● RECORDING...   NEXT

◈ 유형소개
주어진 사진의 특징을 말하여 묘사하기

◈ 제한시간
준비 시간 20초, 답변 시간 1분 30초

◈ 채점영역
Conversation, Production

◈ 출제 문제 개수
1개

꼭 기억하세요!

✓ 15분 연습문제에는 나오지 않지만 실제 시험에는 반드시 출제되는 유형.

✓ 20초 준비 시간이 먼저 주어지는데, 이때 사진을 미리 보며 답변 준비 가능.

✓ 1분 30초의 스피킹 시간은 그리 길지도, 짧지도 않음.

✓ 그러나 스피킹 연습을 평소에 하지 않은 경우에는 사진 묘사만으로 1분 30초를 채우기가 어렵기 때문에 반드시 시험 대비 학습이 필요함.

✓ 사진이 표현하는 주된 사람 혹은 사물을 빠뜨리지 않고 묘사해야 하며, 다양한 형용사와 부사를 활용하는 것이 중요.

✓ '사진 묘사(말하기)' 7문장 템플릿을 활용한다.

누리쌤의 사진 묘사(말하기) 7문장 템플릿

- 첫 번째 문장: This is a picture taken in/at/on [장소] and this photo depicts [인물/사물 묘사].

  (이것은 [장소]에서 찍은 사진이고, 이 사진은 [인물/사물]을 묘사한다.)

- 두 번째 문장: [위치 표현] of this picture, there is/are [주변 묘사].

  (이 사진의 [위치 표현]에, [주변 묘사]가 있다.)

- 세 번째 문장: In the distance/background/foreground, I can see [세부 배경].

  (멀리에서/배경에서/전경에서, 나는 [세부 배경]을 볼 수 있다.)

- 네 번째 문장: We could imagine that this image illustrates a [형용사] atmosphere.

  (우리는 이 사진이 [형용사]와 같은 분위기를 보여준다고 상상할 수 있다.)

- 다섯 번째 문장: Overall, this picture seems to be [느낌(형용사)].

  (전반적으로, 이 사진은 [느낌(형용사)]처럼 느껴진다.)

- 여섯 번째 문장: The last thing that catches my eye is [명사].

  (마지막으로 내 눈길을 사로잡은 것은 [명사]이다.)

- 일곱 번째 문장: It is a really impressive photo, so perhaps, it was taken by a professional photographer.

  (이건 정말 인상적인 사진이라 아마 전문 사진작가가 찍은 것 같다.)

＊책에 제시된 템플릿은 예시입니다. 실제 시험에서는 나만의 템플릿을 만들어 사용하시기 바랍니다.

'사진 묘사(말하기)' 문제풀이 All Steps

▶ 문제풀이 STEP 1!

준비 시간 20초 활용이 매우 중요

- 준비 시간 중 10초는 사진의 가장 중요하고 커다란 요소를 키워드로 잡는 데 활용한다.

  Ex) 도로 안내문, 신호등, 건물, 푸른 하늘 등
    → Road signs, traffic lights, a building, blue sky

- 남은 준비 시간 10초는 사진을 보고 유추 표현을 생각한다(특정한 날, 계절 등).

Ex) 도로가 닫혔으니 → 공사 중(under construction)

　　푸른 하늘을 보니 → 더운 여름날(on a hot summer day)

▶ 문제풀이 STEP 2!

'사진 묘사(쓰기)' 문장 템플릿 이용하여 세 문장 말하기

- '사진 묘사(말하기)' 템플릿 중 앞의 세 문장은 '사진 묘사(쓰기)'와 동일하다. 처음에는 똑같이 외워 연습하고, 이를 동의어로 바꾸어 사용한다.
- 템플릿을 구구단처럼 암기해 즉각적으로 튀어나오도록, 최대한 자연스럽게 답변해야 한다.
- 템플릿을 애매하게 외운 경우에는 실제 시험에서 떠오르지 않아 오히려 답변을 더 못할 수 있으니 완벽히 습득해야 한다.

▶ 문제풀이 STEP 3!

네 번째 문장 = 사진의 분위기 묘사

- **템플릿: We could imagine that this image illustrates a 〔형용사〕 atmosphere.**

　Ex) ~ [**calm / peaceful / bad /serious / gloomy / blue**] atmosphere.

▶ 문제풀이 STEP 4!

다섯 번째 문장 = 사진의 주된 느낌

- **템플릿: Overall, this picture seems to be 〔느낌(형용사)〕.**

　Ex) ~ seems to be [**fascinating / lovely / relaxing**].

▶ **문제풀이 STEP 5!**

여섯 번째 문장 = 사진의 마지막 중요 표현 묘사

- **템플릿**: The last thing that catches my eye is 〔명사〕.

  Ex) ~ is [the adorable cat / the magnificent building / the sparkling necklace].

▶ **문제풀이 STEP 6!**

일곱 번째 문장 = 모든 사진에 적용 가능한 만능 문장

- **템플릿**: It is a really impressive photo, so perhaps, it was taken by a professional photographer.
- 모든 사진에 적용 가능한 만능 문장으로 답변 시 매우 실용적이다.

누리쌤 고득점 핵심 TIP!

- **시험을 위한 묘사, 즉 점수를 받기 위한 묘사를 해야 해요.**

  더 많은 대답 = 유창성 ↑

  더 섬세한 표현 = 어휘력 ↑

  더 긴 문장의 묘사 = 영어 실력 ↑

  이를 이해하면 고득점 달성이 매우 수월해져요.

- **마지막 1초, 2초를 아껴서 한 단어라도 더 답변하세요.**

  한 단어라도 더 답변해야 고득점 받을 확률이 높아져요. 유창성이 증가해야 AI도 그만큼 점수를 줄 확률이 높아진다는 것 꼭 기억하세요.

- 묘사하기 어려운 사진이 나왔다면 고득점에 가까워질 수 있다는 뜻이에요. 앞에서 답변을 잘했기 때문에 어려운 사진이 나왔다는 것을 잊으면 안 돼요. 템플릿을 최대한으로 활용하여 어려운 난이도의 사진으로 미리 공부해보세요. (어려운 사진 = 흑백 + 사물만 있는 사진)

'사진 묘사(말하기)' 유형 학습에 도움이 되는 웹사이트

RANDOM WORD GENERATOR

홈페이지: https://randomwordgenerator.com/picture.php

◆ 화질이 좋은 사진들을 랜덤으로 보여주는 웹사이트.

◆ 컬러, 흑백, 사람, 사물 등 다양한 사진들 존재.

◆ 몇 개의 사진이 보일지 개수 선택 가능. '사진 묘사(쓰기)' 학습 시 3개, '사진 묘사(말하기)' 학습 시 1개로 설정.

◆ 실제 시험처럼 사진 묘사 유형을 연습하기에 매우 효과적.

이대로만 학습하세요!

☑ 1. 사진의 개수를 3개 혹은 1개로 설정. '사진 묘사(쓰기)'는 3회, '사진 묘사(말하기)'는 1회 출제되기 때문.

☑ 2. 실제 시험처럼 90초 타이머를 맞추고 보이는 사진 말하기 연습.

☑ 3. 말하기 연습 시에는 꼭 녹음을 한 뒤 들어보며 자신의 스피킹 상태 점검.

☑ 4. 일상생활에서 광고 포스터나, SNS 사진을 보며 습관적으로 묘사 연습을 해도 좋음.

유형 8. 50단어 쓰기
Read, then Write

5:00

Respond to the question in at least 50 words

"Many people visit museums when they travel to new places. Why do you think people visit museums?"

Your response

Words: 0

NEXT

◈ 유형소개
질문에 대해 최소 50단어 이상 쓰기

◈ 제한시간
5분

◈ 채점영역
Literacy, Production

◈ 출제 문제 개수
1개

꼭 기억하세요!

✓ 장문의 라이팅 실력을 테스트하는 문제 유형.

✓ 질문을 읽고 이해하는 시간까지 포함하여 제한시간이 5분임을 숙지.

✓ 약 20초 이내로 질문을 이해할 수 있어야 충분한 작문 시간 확보 가능.

✓ DET의 모든 라이팅 유형은 따로 준비 시간이 제공되지 않아 질문 확인 후 바로 답변해야 함.

〈예시 문제〉

Q. 주어진 질문에 대해 5분간 50단어 이상 작문해보세요.

Level 1(난이도 쉬움)

Describe a time you were surprised. What happened?

(당신이 놀랐던 때를 묘사하십시오. 어떤 일이 있었나요?)

Level 2(난이도 중간)

People have jobs because they need money to live, but what are some other important reasons that people have jobs?

(사람들은 그들이 사는 데에 돈이 필요하기 때문에 일합니다. 하지만 직업을 갖는 다른 중요한 이유들은 무엇이 있나요?)

Level 3(난이도 어려움)

Describe how cities assist people with special needs(disabilities).

[도시들이 특별한 필요(장애)를 가진 사람들을 어떻게 지원하는지 설명하십시오.]

DET 스피킹&라이팅 고득점의 비밀

사람마다 영어 스피킹&라이팅을 어려워하는 이유는 다 다릅니다.

누군가는 어휘 때문일 테고, 누군가는 문법 때문이겠죠. 할 말이 떠오르지 않아서일 수도 있습니다. 하지만 우리가 공통적으로 갖고 있는 문제는 다음 문장을 뭐라고 얘기해야 할지에 대해 틀과 체계가 잡혀 있지 않다는 것입니다.

DET 스피킹&라이팅 유형을 너무 복잡하게 생각하지 않아도 됩니다. 낮은 점수를 받은 답변부터 초고득점을 받은 답변까지 모두 분석해본 결과, 흥미로운 사실을 발견하였습니다. 단 7문장이면 DET 스피킹&라이팅 답변을 해결할 수 있다는 것입니다.

그것이 바로 제가 연구한 '7문장 구조 법칙'입니다. 라이팅 제한시간 5분, 스피킹 제한시간 1분 30초 동안 7문장을 구사해 답변할 것이며, 그 답변만으로도 DET 고득점을 받기에 충분합니다.

그러나 이때 불필요한 문장으로 답변해서는 안 됩니다. 제한시간이 매우 짧기 때문에 모든 문장마다 논리적 의미를 갖추고 복잡한 문법 구조를 사용하여 최대한의 가산점을 받는 식으로 문제에 답해야 합니다.

7문장 구조 법칙을 이해하고 적용하면 어떻게 스피킹&라이팅 답변을 해야 할지 막막함 없이 분명한 체계가 잡힐 것입니다.

DET 스피킹&라이팅 끝장내는 7문장 구조 법칙

듀오링고 스피킹&라이팅은 단 7문장으로 끝난다

7 ▶▶▶

◈ 첫 번째 문장   질문에 대한 명확한 답변(입장 표명)

◈ 두 번째 문장   주장 1
◈ 세 번째 문장   주장 1의 예시 · 사례

◈ 네 번째 문장   주장 2
◈ 다섯 번째 문장   주장 2의 근거자료

◈ 여섯 번째 문장   주장 3
◈ 일곱 번째 문장   결론

• 첫 번째 문장: 질문에 대한 명확한 답변(입장 표명)

→ '나는 ~한 주제에 대해 동의한다, 동의하지 않는다, 몇 가지 제안이 있다' 등으로 질문에 명확히 답변함으로써 자신의 입장을 표명합니다.

• 두 번째 문장: 주장 1

→ 그것에 왜 동의하였는지에 대한 자신의 첫 번째 주장(이유)을 밝힙니다.

• 세 번째 문장: 주장 1의 예시 · 사례

→ '주장 1'을 뒷받침하기 위한 더 자세한 예시와 사례를 들어 독자의 이해를 돕습니다.

• 네 번째 문장: 주장 2

→ 자신의 두 번째 주장(이유)을 밝힙니다.

- **다섯 번째 문장: 주장 2의 근거**

→ '주장 2'를 뒷받침하기 위해 더 자세한 근거를 들어 독자의 이해를 돕습니다.

→ 아카데믹 에세이의 기본은 '인용'을 잘하는 것입니다. 좋은 근거자료를 가져와 인용을 잘할 수 있다는 것을 보여주어 고득점을 이끕니다.

- **여섯 번째 문장: 주장 3**

→ 주장 1, 주장 2와 다른 아이디어로 자신의 입장에 대한 세 번째 주장(이유)을 밝힙니다.

- **일곱 번째 문장: 결론**

→ 결론을 가장 잘 쓰는 방법은 앞의 주장들을 요약하는 것입니다.

→ 전체 답변을 모두 아울러, '이러한 주장들로 인해 나는 이 질문에 대해 더욱 강하게 동의한다(혹은 동의하지 않는다).'는 결론을 냅니다.

DET '라이팅' 유형 매직 템플릿 정리

문장 1	입장 표명	In my view, I fully concur that ~ 나의 관점으로, 나는 ~하다는 것에 전적으로 동의한다.
문장 2	주장 1	The thing is, it can be shown that ~ 중요한 점은, 그것이 ~하다는 것을 보여준다.
문장 3	예시	An illustration of this point would be that ~ 이 점에 대한 예시는 ~하다는 것이다.
문장 4	주장 2	Moreover, it is also possible to claim that ~ 게다가, ~이라고 주장할 가능성도 있다.
문장 5	근거	Some particularly pertinent research shows that ~ 몇몇 특별히 관련된 연구는 ~을 보여준다.
문장 6	주장 3	Lastly, a third point I would like to make in support of this finding is that ~ 내가 이 발견을 지지하기 위해 강조하고 싶은 세 번째 요점은 ~하다는 것이다.
문장 7	결론	According to the analysis mentioned above, I would conclude that ~ 위에서 언급한 분석에 따라, 나는 ~이라고 결론지을 것이다.

※ 책에 제시된 템플릿은 예시입니다. 실제 시험에서는 나만의 템플릿을 만들어 사용하시기 바랍니다.

'50단어 쓰기 유형' 문제풀이 All Steps

▶ 문제풀이 STEP 1!

첫 번째 문장 = 질문에 대한 자신의 입장 표명

- **템플릿 : In my view, I fully concur that ～**

  Ex) In my view, I fully concur that cities should provide several services for people with special needs.

▶ 문제풀이 STEP 2!

두 번째 문장 = 입장 표명에 대한 주장1

- **템플릿 : The thing is, it can be shown that ～**

  Ex) The thing is, it can be shown that cities should make sure that all buildings are accessible to people with disabilities.

▶ 문제풀이 STEP 3!

세 번째 문장 = 주장 1에 대한 뒷받침 예시·사례

- **템플릿 : An illustration of this point would be that ～**

  Ex) An illustration of this point would be that all buildings should be equipped with elevators and ramps so as to be easily accessed by people in wheelchairs.

▶ 문제풀이 STEP 4!

네 번째 문장 = 입장 표명에 대한 주장 2

- **템플릿 : Moreover, it is also possible to claim that ～**

Ex) Moreover, it is also possible to claim that cities support disabled people by providing accessible transportation.

▶ 문제풀이 STEP 5!

다섯 번째 문장 = 주장 2에 대한 뒷받침 근거자료

- **템플릿: Some particularly pertinent research shows that ~**

    Ex) Some particularly pertinent research shows that they enjoy a better life when they are offered easy access to public transport.

▶ 문제풀이 STEP 6!

여섯 번째 문장 = 입장 표명에 대한 주장 3

- **템플릿: Lastly, a third point I would like to make in support of this finding is that ~**

    Ex) Lastly, a third point I would like to make in support of this finding is that in the city where I live, specific parking spots are reserved for people with special needs.

▶ 문제풀이 STEP 7!

일곱 번째 문장 = 물음에 대한 마지막 결론

- **템플릿: According to the analysis mentioned above, I would conclude that ~**

    Ex) According to the analysis mentioned above, I would conclude that buses and trains should have specific seats for the disabled and should be closer to the ground for easier access.

예시 문제 및 답안

Q. **Describe how cities assist people with special needs(disabilities).**
도시들이 특수한 요구(장애)를 가진 사람들을 어떻게 지원하는지 설명하십시오.

A. In my view, I fully concur that cities should provide several services for people with special needs. The thing is, it can be shown that cities should make sure that all buildings are accessible to people with disabilities. An illustration of this point would be that all buildings should be equipped with elevators and ramps so as to be easily accessed by people in wheelchairs. Moreover, it is also possible to claim that cities support disabled people by providing accessible transportation. Some particularly pertinent research shows that they enjoy a better life when they are offered easy access to public transport. Lastly, a third point I would like to make in support of this finding is that in the city where I live, specific parking spots are reserved for people with special needs. According to the analysis mentioned above, I would conclude that buses and trains should have specific seats for the disabled and should be closer to the ground for easier access.

누리쌤 고득점 핵심 TIP!

- **최소 100단어 이상 작성하는 것이 고득점에 유리해요.**

  50단어는 컴퓨터가 응시자의 라이팅 실력을 평가하기 위한 최소 분량을 뜻할 뿐이에요. 최소 100단어 이상 작성해야 유창성 점수에 유리해요.

- **문단을 구분할 필요는 없어요.**

  타 시험처럼 250단어 이상 많은 분량의 에세이를 쓰지 않아도 되므로 문단의 구분보다는 문장의 구조에 더 신경 써주세요.

- **어떠한 주제의 질문이 나와도 답변할 수 있는 아이디어가 있어야 해요.**

  템플릿을 아무리 연습해도 질문에 대한 자신의 주장이 떠오르지 않는다면 답변을 할 수 없어요. 질문 주제별로 아이디어가 바로 떠오르도록 연습한다면 시간은 훨씬 더 단축될 거예요.

'50단어 쓰기' 유형 학습에 도움이 되는 웹사이트

DAILY**WRITING**TIPS

홈페이지: https://www.dailywritingtips.com

- ◆ 다양한 라이팅 관련 자료가 풍부하게 제공되는 웹사이트.
- ◆ 일반적인 글쓰기부터 비즈니스 라이팅, 문법, 스펠링, 어휘까지 학습 가능.
- ◆ 특히 문법을 영어 그대로 받아들일 수 있도록 매우 자세한 설명이 기재되어 있음.

◆ 각 포스팅마다 다른 외국인 사용자들이 댓글을 남기는데 해당 댓글을 보아도 유용한 라이팅 작성 팁과 전략을 알 수 있어 학습 효과가 2배 이상 증폭됨.

이대로만 학습하세요!

☑ 1. 라이팅 답변 시 내가 어떤 부분에 어려움을 가지고 있는지 생각하기(문법, 스펠링, 문장부호, 어휘 등).

☑ 2. 공부하고 싶은 분야를 사이트 내 Categories에서 선택하여 관련된 포스팅 정독.

☑ 3. 새롭게 알게 된 배경지식 필기하기.

☑ 4. 이전에 작성하였던 라이팅 답안을 보며 정리한 필기 내용 적용하기.

☑ 5. 더 다양한 배경지식을 학습하여 자신의 라이팅 답변 퀄리티를 조금씩 성장시키기.

카테고리 공부 순서 추천
Grammar 101 → Punctuation → Mistakes → Spelling →
Vocabulary → Expressions

유형 9. 질문 보고 말하기
Read, then Speak

1:30

Speak your answer to the question below

Talk about a hobby or activity that you enjoy doing.
* What is it?
* How long have you been doing it?
* Who do you do it with?
* Why is it important to you?

● RECORDING...   ‖‖‖‖‖‖   NEXT

◆ 유형소개
주어진 물음에 대해 최소 30초 이상 말하기

◆ 제한시간
준비 시간 20초, 답변 시간 1분 30초

◆ 채점영역
Conversation, Production

◆ 출제 문제 개수
1개

꼭 기억하세요!

✓ DET 스피킹 유형에는 20초의 준비 시간이 주어짐.

✓ 답변할 때에도 질문은 계속 확인할 수 있음.

✓ 녹음 시작 후 최소 30초 이상을 얘기해야 하며, 그전에는 NEXT 버튼을 누를 수 없음.

✓ 최대 1분 30초까지 스피킹 가능하며, 시간을 초과하면 자동 저장됨.

〈예시 문제〉

Q. 주어진 질문을 보고 1분 30초간 스피킹하세요.

Level 1(난이도 쉬움)

Why are people interested in spreading harmful gossip?

(왜 사람들은 해로운 소문을 퍼뜨리는 것에 관심이 많나요?)

Level 2(난이도 중간)

What are some ways to encourage middle-aged people to change jobs?

(중장년층이 직업을 바꾸도록 장려하는 방법들은 어떤 것이 있나요?)

Level 3(난이도 어려움)

Globalization has been progressing rapidly due to technology. To what extent do you agree?

(세계화는 기술 덕분에 빠르게 진행되고 있습니다. 이에 어느 정도까지 동의하시나요?)

DET '스피킹' 유형 매직 템플릿 정리

문장 1	입장 표명	In this case, it is very obvious that ~ 이 경우, ~하다는 것은 매우 명백하다.
문장 2	주장 1	From my own perspective, I've always thought that ~ 내 관점에서, 나는 항상 ~이라고 생각해왔다.
문장 3	예시	To cite an example, one situation that came to mind is that ~ 예를 들어서, 이 주제에 대해 떠오른 나의 상황은 ~이다.
문장 4	주장 2	Besides, the main proposition here is that ~ 게다가, 이것의 주된 제의는 ~이다.
문장 5	근거	The fundamental reason for this is that ~ 이것의 근본적인 이유는 ~하기 때문이다.
문장 6	주장 3	To be more specific, the end suggestion is that ~ 좀 더 구체적으로 말해서, 최종 제안은 ~이다.
문장 7	결론	In conclusion, I am convinced that ~ 결론적으로, 나는 ~하다고 확신한다.

※ 책에 제시된 템플릿은 예시입니다. 실제 시험에서는 나만의 템플릿을 만들어 사용하시기 바랍니다.

'질문 보고 말하기' 문제풀이 All Steps

▶ 문제풀이 STEP 1!

첫 번째 문장 = 질문에 대한 자신의 입장 표명

- 템플릿 : **In this case, it is very obvious that ～**

  Ex) In this case, it is very obvious that the pace of globalization is increasing due to advances in technology.

▶ 문제풀이 STEP 2!

두 번째 문장 = 입장 표명에 대한 주장1

- 템플릿 : **From my own perspective, I've always thought that ～**

  Ex) From my own perspective, I've always thought that technological advances replace human labor, leading to globalization.

▶ **문제풀이 STEP 3!**

세 번째 문장 = 주장 1에 대한 뒷받침 예시 및 사례

• **템플릿**: **To cite an example, one situation that came to mind is that ~**

  Ex) To cite an example, one situation that came to mind is that machines can work faster and longer without error than humans, which induces global development.

▶ **문제풀이 STEP 4!**

네 번째 문장 = 입장 표명에 대한 주장 2

• **템플릿**: **Besides, the main proposition here is that ~**

  Ex) Besides, the main proposition here is that technology helps people around the world communicate more conveniently.

▶ **문제풀이 STEP 5!**

다섯 번째 문장 = 주장 2에 대한 뒷받침 근거자료

• **템플릿**: **The fundamental reason for this is that ~**

  Ex) The fundamental reason for this is that businessmen use SNS to interact with people worldwide and expand their businesses.

▶ **문제풀이 STEP 6!**

여섯 번째 문장 = 입장 표명에 대한 주장 3

• **템플릿**: **To be more specific, the end suggestion is that ~**

Ex) To be more specific, the end suggestion is that it can easily spread the cultures of various countries, such as K-pop in Korea, leading to a global craze.

▶ 문제풀이 STEP 7!

일곱 번째 문장 = 물음에 대한 마지막 결론

- 템플릿 : **In conclusion, I am convinced that ~**

Ex) In conclusion, I am convinced that technology is the biggest reason for the rapid acceleration of globalization.

예시 문제 및 답안

Q. **Globalization has been progressing rapidly due to technology. To what extent do you agree?**
세계화는 기술 덕분에 빠르게 진행되고 있습니다. 이에 어느 정도까지 동의하시나요?

A. In this case, it is very obvious that the pace of globalization is increasing due to advances in technology. From my own perspective, I've always thought that technological advances replace human labor, leading to globalization. To cite an example, one situation that came to mind is that machines can work faster and longer without error than humans, which induces global development. Besides, the main proposition here is that technology helps people around the world communicate more conveniently. The fundamental reason for this is that businessmen use SNS to interact with people worldwide and expand their businesses. To be more specific, the end suggestion is that it can easily spread the cultures of various countries, such as K-pop in Korea, leading to a global craze. In conclusion, I am convinced that technology is the biggest reason for the rapid acceleration of globalization.

누리쌤 고득점 핵심 TIP!

- **20초 준비 시간을 정말 잘 활용해야 해요.**

  답변 시 어떤 주장을 이야기할지 미리 키워드로 생각해두어야 보다 더 수월히 말할 수 있어요.

- **명심하세요, 외국인 친구들과 대화하려고 보는 시험이 아니에요.**

  Casual한 답변은 피하는 게 점수에 좋아요. 아카데믹 시험에서 자신의 말하기 실력을 평가받고 있다는 걸 잊지 마세요.

- **모든 세부 물음에 답변할수록 고득점에 유리해요.**

  '질문 보고 말하기' 유형의 가장 큰 특징은 대표 질문 아래에 작은 세부 질문이 포함되어 있다는 거예요. 모든 세부 물음에 답변하여 논리성 점수를 최대한 향상시키세요.

'질문 보고 말하기' 유형 학습에 도움이 되는 웹사이트

IELTS Mentor

홈페이지: https://www.ielts-mentor.com

◆ 다양한 IELTS 샘플 문제 및 모범 답안을 볼 수 있는 웹사이트.

◆ IELTS 스피킹 Part 2 질문들은 DET '질문 보고 말하기' 유형과 매우 유사하여 관련한 모범 답안을 확인할 수 있음.

◆ 사이트 내 약 700개의 문제들에 템플릿 적용하며 답변 연습 가능.

이대로만 학습하세요!

☑ 1. 웹사이트 내 문제 및 모범 답안으로 '질문 보고 말하기' 유형 연습.

☑ 2. 웹사이트의 Cue Card Sample 문제 중 1개 선택.

☑ 3. 실제 시험처럼 20초 준비, 1분 30초 답변 녹음하기.

☑ 4. 녹음한 파일을 들으며 답변을 타이핑하면 자신의 스피킹 답변을 눈으로 볼 수 있게 됨.

☑ 5. 웹사이트 내 모범 답안과 비교하며 나만의 모범 답안 만들기.

유형 10. 질문 듣고 말하기
Listen, then Speak

1:30

Speak the answer to the question you hear

Number of replays left: 2

● RECORDING...   ılı|||||ıuıı   NEXT

◈ 유형소개
주어진 물음을 최대 3회 듣고 이해한 후 말하기

◈ 제한시간
준비 시간 20초, 답변 시간 1분 30초

◈ 채점영역
Conversation, Production

◈ 출제 문제 개수
2개

꼭 기억하세요!

✓ 20초 준비 시간 동안 질문 청취 가능하며 최대 3회 들을 수 있음.

✓ 첫 번째 음성은 문제가 넘어가자마자 바로 나오기 때문에 항상 집중하기.

✓ 이후 두세 번째 음성은 내가 클릭하여 청취 가능.

✓ 연습문제에는 나오지 않지만 실제 시험에서는 나오는 유형.

✓ 응시자들이 DET에서 가장 까다롭다고 말하는 유형.

'질문 듣고 말하기' 문제풀이 All Steps

▶ 문제풀이 STEP 1!

첫 질문 청취 시, 주요 키워드 기억하기

• '질문 듣고 말하기' 유형은 답변에 앞서 질문을 정확히 이해하는 것이 우선시되어야 한다.

• 질문을 이해하지 못하거나 잊으면 스피킹 답변이 불가하다.

• 물음표로 끝나는 문장이나, 'Describe', 'Explain' 등으로 시작하는 질문 문장에 집중하여 무엇에 답해야 할지 파악한다.

▶ 문제풀이 STEP 2!

두 번째 청취 시, 질문의 핵심 물음 파악하기

• 첫 청취로 중요 키워드를 파악했다면 두 번째 청취하면서 물음을 정확히 이해한다.

• 질문이 100% 이해되지 않더라도, 답변이 가능할 만큼만 묻는 바를 파악하면 된다.

▶ 문제풀이 STEP 3!

세 번째 청취 시, 물음에 대한 명확한 답변하기

- '질문 듣고 말하기'는 응시자들이 질문의 물음과 다른 오프토픽(Off Topic) 답변을 하는 경우가 가장 많은 유형이므로 주의한다.
- 질문의 시제(과거형, 현재형, 미래형)가 무엇인지 파악하여, 질문의 물음에만 '7문장 구조 법칙'으로 답변하면 수월하다.

누리쌤 고득점 핵심 TIP!

- **말하다 틀려서 다시 고쳐 얘기하는 건 어쩔 수 없어요.**

   무심결 말하다 고쳐서 다시 얘기하는 것은 무의식중에 한 행동이니 괜찮아요. 답변에만 끝까지 집중하세요.

- **리스닝 실력이 DET 고득점의 핵심 능력이에요.**

   리스닝이 포함된 문제 유형(질문 듣고 말하기, 듣고 쓰기, 진짜 영단어 찾기 리스닝)은 전적으로 자신의 리스닝 실력으로 답변해야 해요. DET 120점 이상 고득점을 목표로 한다면 리스닝 공부 비중을 2배로 늘려보세요.

- **질문 듣고 말하기 유형을 거의 답변하지 못했어도 120점을 받은 사례가 있었어요.**

   만약 질문을 이해하지 못하였다면 아래와 같이 먼저 답변하고 제한시간 끝까지 답변에 집중하세요. (DON'T PANIC!)

- Sorry, I'm not sure what this question means, so let me start talking about this. That would be~

  (죄송합니다. 이 질문이 어떤 뜻인지 잘 모르겠으니, 이것에 대해 이야기를 시작하겠습니다. 그것은 ~일 것입니다.)

- Sorry, I didn't understand the question, but I have a lot to say about this. That would be~

  (죄송합니다. 저는 그 질문을 이해하지 못했습니다만, 이것에 대해서는 할 말이 많습니다. 그것은 ~일 것입니다.)

'질문 듣고 말하기' 유형 학습에 도움이 되는 웹사이트

홈페이지: https://www.youtube.com

- ◆ 유튜브에 'IELTS 스피킹 Part3 Mock Test'라고 검색한다.
- ◆ IELTS 모의테스트 영상으로 DET 질문 듣고 말하기 유형을 더욱 긴장감 있게 학습 가능.
- ◆ 선생님이 질문을 들려주면 일시정지하여 스피킹 답변하는 방식으로 연습.
- ◆ 다른 학생들의 답변도 참고할 수 있어 흥미롭게 공부 가능.
- ◆ 점수대별로 학생이 답변하는 어휘, 문법 구조, 유창성 등을 참고해 학습하면 효과적.

이대로만 학습하세요!

☑ 1. 하나의 모의시험 영상을 보며 선생님이 질문을 말하면 일시정지하기.

☑ 2. 물음을 세 번까지 청취하고 1분 30초 스피킹 답변 녹음하기.

☑ 3. 녹음한 자신의 답변 들어보고 스크립트 만들기.

☑ 4. 영상의 학생 답변과 자신의 답변 비교하기.

☑ 5. 영상 속 학생의 아이디어와 좋은 어휘 등은 따로 메모하며 습득하기.

유형 11. 쓰기 인터뷰
Writing Sample

※ 2022년 2월 28일부터 점수 책정 유형으로 전환

5:00

Writing Sample

Your response will contribute to your score and will be available to institutions
that receive your results

NEXT

◈ 유형소개
주어진 물음에 대해 작문하기

◈ 제한시간
30초 준비, 3~5분 답변

◈ 채점영역
Literacy, Production('쓰기 인터뷰'는 '말하기 인터뷰'와 달리 점수 포함)

◈ 출제 문제 개수
1개

꼭 기억하세요!

✓ DET는 총 시험 시간이 짧기에 인터뷰 섹션은 이를 보완하기 위한 참고 자료로써 쓰인다.

✓ 그중 '쓰기 인터뷰'는 영상이 녹화될 뿐만 아니라 Overall 점수에도 영향을 끼치는 중요한 유형.

✓ '50단어 쓰기'와 다르게 쓰기 인터뷰는 몇 단어를 썼는지 Word Count 가 되지 않음.

✓ 준비 시간 30초가 주어져 답변 아이디어를 떠올리기 수월함.

'쓰기 인터뷰' 문제풀이 All Steps

▶ 문제풀이 STEP 1!

30초 준비 시간 동안 주장 아이디어 떠올리기

- '50단어 쓰기 유형'과 다르게 '쓰기 인터뷰'는 30초 준비 시간이 있다.
- 준비 시간 동안 주장으로 답변할 아이디어를 떠올려야 수월하다.
- 만약 준비 시간이 남는다면 예시, 근거 아이디어도 키워드 형태로 떠올린다.

▶ 문제풀이 STEP 2!

답변 시간이 시작되면 '7문장 구조 법칙' 활용하여 답변

- '50단어 쓰기' 유형과 마찬가지로 Casual한 답변에서 벗어나 아카데믹 한 논리적 구성을 갖춰 답변해야 점수 획득에 유리하다.
- 유형8의 '50단어 쓰기' 유형에서 고득점 전략으로 소개한 '7문장 구조 법칙'을 유념하여 답변한다면 손쉽게 논리 구축이 가능하다.

▶ 문제풀이 STEP 3!

시간이 남는다면 문법 체크 후 넘어가자

• 자신이 쓴 답안을 검토하면 틀린 문법이 생각보다 눈에 잘 들어온다.

• 감점 요인을 줄이기 위해 관사, 전치사, 스펠링 오류를 위주로 답변을 검토한다.

유형 12. 말하기 인터뷰
Speaking Sample

3:00

Speak the answer to the question you hear

Number of replays left: 2

● RECORDING...   NEXT

◆ 유형소개
주어진 물음에 대해 말하기

◆ 제한시간
30초 준비 시간, 최소 1분에서 3분 답변

◆ 채점영역
점수 책정되지 않고 영상만 녹화됨(점수와 함께 기관에 전송)

◆ 출제 문제 개수
1개

꼭 기억하세요!

✓ Overall 점수에 포함하지 않는 유일한 문제 유형.

✓ 단, 점수를 보낼 때 목표 대학 혹은 기관에 인터뷰 섹션 영상이 점수와 함께 전송되므로 중요함.

✓ 대충 답변하거나 답변을 아예 하지 않으면 시험이 인증되지 않을 수 있음.

✓ 최선을 다해 자신의 영어 실력을 시험 마지막까지 보여주어야 한다.

'말하기 인터뷰' 문제풀이 All Steps

▶ 문제풀이 STEP 1!

30초 준비 시간 동안 주장 아이디어 떠올리기

- '말하기 인터뷰'도 '쓰기 인터뷰'와 동일하게 30초의 준비 시간을 준다.

- 해당 시간 동안 답변할 주장 아이디어를 떠올린다.

- 답변이 점수에 포함되지 않으니 질문에 따라 Casual하게 혹은 아카데 믹하게 답변한다.

▶ 문제풀이 STEP 2!

녹음이 시작되면 최대한 자연스럽게 답변하기

- DET 인터뷰 섹션은 인터뷰(면접)를 보는 것과 같다.

- 쓰기 인터뷰와 다르게 자연스럽게 대화하듯 답변하는 것이 좋다.

▶ 문제풀이 STEP 3!

제한시간이 3분으로 비교적 길지만 끝까지 답변하자

- 말하기 인터뷰를 하고 있다 보면 3분이 정말 길게 느껴진다.

- 최선을 다해 제한시간을 모두 활용하고, 도저히 답변할 말이 떠오르지 않는다면 NEXT 버튼을 누른다.

누리쌤 고득점 핵심 TIP!

- **인터뷰 영상은 자신의 첫인상이에요.**

  자신의 모습을 기관에 처음 보여주는 영상이 될 거예요. 기억에 남는 첫인상이 될 수 있으니 최선을 다해 임해주세요.

- **지원자의 인터뷰 영상을 모두 본다고 확신할 수는 없어요.**

  목표하는 대학 혹은 기관이 실제로 인터뷰 영상을 검토하는지는 알기 어려워요. 하지만 기관에 따라 인터뷰를 중요하게 여길 수도 있는 만큼, 제한시간을 끝까지 활용하여 답변하고, 열심히 시험에 임하는 태도를 보여주세요.

- **대학이나 기관에 최종 합격할 수 있도록 유리한 환경을 구축하세요.**

  점수가 들어가지 않는다고 답변을 소홀히 해서는 안 돼요. 목표 점수를 달성하는 것도 중요하지만, 우리가 최종적으로 목표하는 해외 대학 합격 및 취업에 성공하는 것이 더 큰 목표가 되어야 해요.

유형 13. 리딩 섹션
Interactive Reading

※ 2022년 3월 29일부터 출제된 신유형

7:00

Interactive reading

You will have 8 minutes to answer questions about a reading passage.

NEXT

◆ 유형소개
주어진 1개의 긴 지문을 이해하여 세부 질문에 답하는 유형

◆ 제한시간
총 8분 (시작과 끝을 알리는 시간 총 1분, 문제풀이 시간 7분)

◆ 채점영역
Literacy, Comprehension

◆ 출제 문제 개수
2개(2개의 지문 출제, 1개 지문당 6개 세부 질문 수록)

'리딩 섹션'은 기존에 나오지 않던 새로운 유형이에요. 모두 객관식이라는 것이 특징이고, 1개 지문을 보고 7분 이내에 6개의 세부 문제를 풀어야 해요. 따라서 리딩 섹션은 기존 유형들과는 다르게 더 잘 이해할 수 있도록 '유형소개', '출제의도', '주의사항', '대비전략'으로 나누어 살펴보도록 하겠습니다.

정보가 많이 없는 유형이니 만큼 더욱 꼼꼼히 읽고 리딩 섹션 유형을 완벽히 대비해보세요.

▶ 단어 채우기 Complete the Sentences

```
7:00   for the next 6 questions                          QUIT TEST
```

PASSAGE

Select the best option for each missing word

Yesterday was my first ① _____ visiting the Technical University and I learned so ② _____ about the school. A student introduced ③ _____ to the campus, so I was able to ④ _____ the different buildings. The school ⑤ _____ a large library and the students ⑥ _____ access to a practice and sports ⑦ _____ . We also attended a ⑧ _____ union meeting where I got to learn ⑨ _____ some upcoming campus events.

① Select a word
② Select a word
③ Select a word
④ Select a word
⑤ Select a word
⑥ Select a word
⑦ Select a word

NEXT

· 유형소개

지문의 흐름이 연결되도록 가장 알맞은 단어를 선택하는 유형.

· 출제의도

어휘력 및 기본 문법 능력 측정.

• 주의사항

모든 단어를 입력해야 다음 문제 풀이가 가능하다.

• 대비전략

- 전체 지문 먼저 빠르게 읽기.

- 정답 아닌 단어는 소거하며 풀이.

- 검토 마친 후 NEXT!

▶ 문장 채우기 Complete the Passage

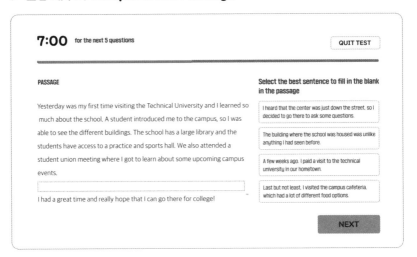

• 유형소개

지문의 흐름이 연결되도록 가장 알맞은 문장을 선택하는 유형.

• 출제의도

- 독해 추론 능력 측정.

- 문장 해석 속도 측정.

· **주의사항**

선택지에 마우스 커서를 놓으면 해당 문장이 본문에 자동 삽입된다.

· **대비전략**

- 이전 문제의 지문에서 빈칸을 포함한 문장이 추가됨.

- 새롭게 추가된 문장이 답변의 힌트가 될 가능성이 높음.

- 답변 선택 후 빈칸의 앞뒤 문장 연결이 매끄러운지 검토 필수.

▶ **답변 하이라이트 Highlight the Answer**

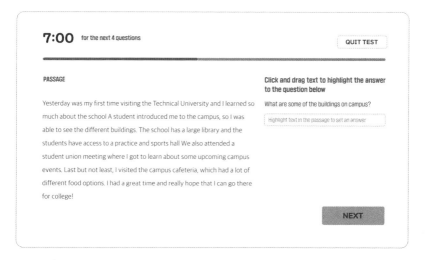

· **유형소개**

1개의 지문당 두 번씩 출제되는 중요한 유형. 질문의 답을 지문에서 찾아 드래그한다(드래그한 단어 혹은 문장이 자동 형광펜으로 칠해져 답변으로 저장된다).

- **출제의도**
  - 정확한 지문 이해력 측정.
  - 사고 및 추론 능력 측정.

- **주의사항**
- 질문에 대한 명확한 답변만을 드래그하는 것이 좋다.
- 드래그하는 정답의 최소&최대 길이는 정해져 있지 않다.

- **대비전략**
  - 우선 질문을 명확히 이해하는 것이 중요.
  - 지문 전체를 이해하는 것보다 답을 찾는 행위에 더욱 초점.
  - 답안 하이라이트 유형은 1개 지문에 2개씩 출제되기에 시간 배분이 중요.
  - 답변이 애매할 때에는 정답이 포함된 1문장 전체를 드래그하는 것이 좋은 전략이다.

▶ 주제 찾기 Identify the Idea

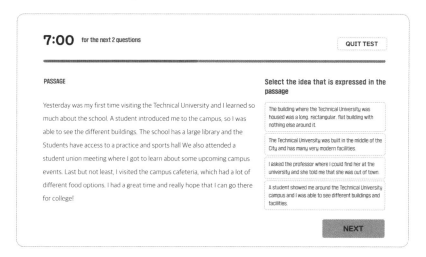

• 유형소개

지문의 내용과 가장 알맞은 주제를 선택하는 유형.

• 출제의도

- 글의 주요 논점을 파악할 수 있는가?
- 약 70% 이상 지문을 이해할 수 있는가?

• 주의사항

모든 선택지가 답변이 될 수 있다는 접근으로 주의 깊게 검토해야 한다.

• 대비전략

- 선택지를 보기 전에 먼저 글의 주제를 유추.
- 최소 2개 선택지를 먼저 소거한 후 남은 2개로 정답을 고민.

- 일반적으로 알고 있던 상식 및 통념에 의존해 답변해서는 정답률이 떨어짐.
- 선택지가 아닌 지문에 근거하여 답변해야 함을 명심.

▶ 제목 찾기 Title the Passage

7:00 for the next 5 questions

QUIT TEST

PASSAGE

Yesterday was my first time visiting the Technical University and I learned so much about the school. A student introduced me to the campus, so I was able to see the different buildings. The school has a large library and the students have access to a practice and sports hall. We also attended a Student union meeting where I got to learn about some upcoming campus events. Last but not least, I visited the campus cafeteria, which had a lot of different food options. I had a great time and really hope that I can go there for college!

Select the best title for the passage

My Technical Degree

My Visit to the Technical University

A Talk With a Professor

The New Technical University

NEXT

• 유형소개
지문의 내용과 가장 알맞은 제목을 선택하는 유형.

• 출제의도
- 전체 지문을 파악하여 답변할 수 있는가?
- 정확한 지문 이해를 바탕으로 제목을 추론하는 능력이 있는가?

• 주의사항
리딩 섹션의 마지막 문제이므로 제한시간이 얼마나 남았는지 정확히 확인해야 한다.

- **대비전략**
  - 앞 문제에서 선택한 메인 주제를 떠올리며 제목을 결정하는 것이 중요함.
  - 최소 2개 선택지 먼저 소거한 후 남은 2개로 정답 결정하여 확률 높이기.
  - 뉴스 및 신문 기사의 제목을 직접 지어본다 생각하고 풀이.

누리쌤 고득점 핵심 TIP!

- **새로운 유형이 추가되었지만 총 시험 시간은 동일해요.**
  신유형 리딩 섹션 덕분에 빈칸 채우기, 듣고 쓰기, 진짜 영단어 찾기 등 기존 유형이 적게 출제돼요. 이는 리딩 섹션으로 인해 오히려 고득점 달성이 쉬워질 수도 있다는 뜻이에요.

- **수능 영어 공부를 많이 했던 학생들에게 유리한 유형이에요.**
  리딩 섹션은 수능 영어와 비슷한 유형들로 이루어져 있어요. 리딩 섹션 덕분에 기존보다 점수 향상이 수월해졌다는 학생들의 사례도 많았어요.

- **시험이 변화한다고 두려워하지 마세요.**
  새로운 유형이 나와도 시험은 시험일뿐이에요. 시험을 정확히 분석하여 준비한다면 충분히 고득점 확보가 가능해요. 자신의 강점은 극대화하고, 보완점은 끌어올려 보다 수월하게 준비해보세요.

'리딩 섹션' 유형 학습에 도움이 되는 웹사이트

ⵘ The Korea Herald

홈페이지: http://www.koreaherald.com

◆ 한국 뉴스 내용을 영문 기사로 볼 수 있는 웹사이트.

◆ 사회 및 정치 분야뿐만 아니라 스포츠, 연예, 라이프스타일 등 다양한 주제의 기사를 볼 수 있음.

◆ 'Breaking News English' 웹사이트보다 길이가 길고 난도가 높지만 어휘력만 갖춘다면 큰 어려움 없이 독해 가능.

◆ 처음에는 흥미로운 주제를 선택하여 기사를 읽어보는 것이 학습을 지속하는 데에 효과적.

이대로만 학습하세요!

☑ 1. 카테고리에서 흥미로운 주제의 기사 선택.

☑ 2. 처음부터 끝까지 독해 후 어휘 정리.

☑ 3. 어휘 파악을 모두 마쳤다면 각 문단 내용을 영어로 요약.

☑ 4. 기사 본문을 1문장씩 해석해보기.

☑ 5. 약 80% 정도 이해되었다면 직접 제목을 지어본 후 실제 기사의 제목과 비교하며 리딩 섹션 유형 대비하기.

3. 문제 유형별 출제 수

문제 유형별 출제 수(2022년 업데이트 반영)

문제 유형	출제 문제 수
빈칸 채우기	평균 4~6개
진짜 영단어 찾기(텍스트)	
진짜 영단어 찾기(리스닝)	
듣고 쓰기	
한 문장 읽고 따라 말하기	
사진 묘사(쓰기)	3
사진 묘사(말하기)	1
50단어 쓰기	1
질문 보고 말하기	1
질문 듣고 말하기	2
리딩 섹션	2세트(각 6문제씩)
말하기 인터뷰	1
쓰기 인터뷰	1

문제 출제 수를 확인한 뒤 나만의 맞춤 DET 학습 플랜을 설계해보세요!

Self-Checkpoint

• **내가 가장 까다로워하는 유형은 얼마나 출제되는가?**

→ 어려워하는 유형이더라도 평균 정도는 점수를 받을 수 있도록 준비

하기.

• **내가 가장 자신 있는 유형은 얼마나 출제되는가?**

→ 자신 있는 유형에서 최대한 높은 점수를 획득해 Overall 점수를 향상

시키는 전략 구사하기.

• **점수에 포함되는 스피킹&라이팅 유형은 총 몇 문제인가?**

→ 사진 묘사(쓰기) 3문제, 사진 묘사(말하기) 1문제, 50단어 쓰기 1문제,

질문 보고 말하기 1문제, 질문 듣고 말하기 2문제, 쓰기 인터뷰 1문제.

→ 즉, DET는 위의 9개 문제에만 잘 답변하면 스피킹&라이팅 고득점 달

성이 충분히 가능하다.

4장

AI 채점 방식 파헤치기

1. AI가 높은 점수를
줄 수밖에 없는 절대 공식

DET 고득점 답변 제출 전략

채점 방식에 기초해 답변하고 **+** 감점 요소는 줄이고 **+** 가산점 요소를 늘리면 **=** 고득점 가능!

　DET에서 고득점을 받는 방법은 의외로 정말 간단합니다. 말 그대로 AI가 높은 점수를 줄 수밖에 없는 답변만 작성하고 제출하는 것이지요. 그렇다면 어떻게 해야 점수를 줄 수밖에 없는 답변이 될까요?

　이를 알기 위해 지금까지 약 1,000명 이상의 케이스를 연구했습니다. 학생들과 첫 만남 때 전달받은 라이팅 답안과 그들이 목표 점수를 달성한 뒤 작성한 답안을 비교 및 분석해본 결과, 절대적인 DET 감점&가산점 법칙을 발견하게 되었습니다. 실제로 이 법칙을 적용했을 때 수강생들은 효과적으로 단기간 내 고득점을 달성했습니다.

제가 연구한 DET의 감점&가산점 법칙을 알아보기 전에 DET가 공식 발표한 스피킹&라이팅 채점 방식을 먼저 살펴보겠습니다.

채점 방식을 하나씩 분석한다면 어떤 요인이 Overall 점수에 직접적으로 영향을 끼치는지 이해할 수 있고, 답변의 뼈대를 구축할 수 있습니다. 따라서 우리는 감점 요인은 줄이고, 가산점 요인을 늘려 답변에 그대로 적용하면 됩니다.

2. DET가 공식 발표한 채점 방식 완전 분석

DET에서 공식적으로 발표한 채점 방식에는 어떤 요인들이 있을까요? 자신의 답변이 채점 방식에 기초를 두고 있을 수록 점수를 더 받을 수 있다는 사실은 두말하면 잔소리죠.

스피킹&라이팅 채점 방식

01 문법의 정확성
Grammatical Accuracy

- **기준**: 얼마나 문법의 실수가 적은가?
- **전략**: 작은 문법 실수라도 최대한 줄이기

☑ **학습 전략**
'문법 체크리스트' 활용하기!
- 스펠링
- 대소문자
- 마침표
- 콤마
- 단수/복수
- 전치사

02 문법의 복합성
Grammatical Complexity

- **기준**: 어려운 문법 구조를 얼마나 잘 사용하는가?
- **전략**: 단조로운 문장 피하기

☑ **학습 전략**

답변에 다양한 시제 사용하기!
- 기본형(He studies ~)
- 진행형(He is studying ~)
- 완료형(He has studied ~) 등

'복잡한 문법 구조'를 적용해보세요!
- not only ~ but also
- no matter what/how
- 가정법 과거, 현재완료 수동태 등

---

03 어휘의 정교성
Lexical Sophistication

- **기준**: 얼마나 아카데믹한 표현들을 잘 사용하는가?
- **전략**: 구어체 대신 문어체 사용

☑ **학습 전략**

'Communication적 표현' 지양하기!
- I think (×)
- And then, (×)
- So, (×)
- Also, (×)
- Actually, (×)

'Linking Words'로 답변 문장 시작하기!
- In my view,
- Additionally,
- Moreover,
- Firstly, Secondly, Lastly,
- For example, For instance,
- In summary, To sum up, 등

---

04 어휘의 다양성
Lexical Diversity

- **기준**: 얼마나 다양한 어휘를 구사하는가?
- **전략**: 동사 동의어 및 구동사 활용하기

☑ **학습 전략**

'구동사'를 활용해보세요!
- continue → carry on(지속하다)
- quit → drop out(탈퇴하다)
- start → set up(설립하다)
- die → pass away(사망하다)
- return → get back(돌아오다)

'동사 동의어'를 활용해보세요!
- allow(인정하다) = concede = confess = acknowledge = accept
- combine(결합하다) = merge = integrate = subsume = take in
- change(바꾸다) = modify = alter = adapt = adjust
- solve(해결하다) = settle = fix = determine = resolve
- keep(유지하다) = maintain = retain = hold on to = keep hold of

---

05 상호 관련성
Task Relevance

- **기준**: 얼마나 정확하게 물음에 대한 답변을 했는가?
- **전략**: 질문의 의도를 명확히 파악하고, 논리적 설득력 갖추기

☑ **학습 전략**

'오프토픽'은 최대한 피하세요!
- 오프토픽이 심하면 질문을 이해하지 못했다고 간주해요.
- 질문이 전제하고 있는 사실을 얘기하지 말고, 물음에 대해 명확히 답변해야 해요.

논리적 설득력'을 갖추세요!
- 아카데믹한 시험 답변은 누군가를 논리적으로 설득할 수 있어야 해요.
- 논리적 설득력은 3장 '50단어 쓰기 유형', '질문 보고 말하기 유형' 페이지에 소개된 DET 스피킹&라이팅 템플릿을 적용하면 자연스레 갖추어집니다.

06 유창성 Fluency

- **기준**: 제한시간 내에 얼마나 많은 글을 쓰거나 얘기할 수 있는가?
- **전략**: 단어 수가 곧 유창성이고, 유창성은 점수에 큰 영향을 끼친다는 점 기억하기

☑ **학습 전략**

'답변 단어 수'를 최대한 늘려보세요!
- 제한시간을 끝까지 활용하여 한두 단어라도 더 쓰고, 말해야 해요.
- 최소 100단어 이상은 답변할 수 있어야 높은 점수를 달성하기 쉽습니다.
- 소개된 템플릿 단어만 잘 작성해도 약 60단어가 채워지니 충분히 100단어 이상 작성할 수 있어요.

07 발음의 정확성 Pronunciation

- **기준**: 얼마나 명확한 발음으로 단어와 문장을 말할 수 있는가
- **전략**: 기계가 알아듣도록 큰 소리로 또박또박 말하고, 원어민이 알아듣도록 자연스럽게 말하기

☑ **학습 전략**

'흔히 하는 발음 실수'를 주의하세요!
- R과 L 사운드 혼동(red, led)
- F와 P 사운드 혼동(fashion, passion)
- V와 B 사운드 혼동(very, berry)

DET AI가 응시자의 스피킹&라이팅 답변을 평가하는 모든 방식을 알아보았습니다. 생각보다 복잡하지 않지요? 위 7가지 사항을 최대한 이해해 자신의 답변을 계속 수정, 보완해보세요. AI가 점수를 줄 수밖에 없는 답변이 만들어지고, 보다 수월히 고득점에 다가갈 수 있습니다.

3. 누리쌤만의 DET 노하우 및 감점&가산점 법칙

그렇다면 이 시험에서 정확히 언제 감점을 받고, 언제 가산점을 받을까요?

지금까지 약 1,000명 이상의 수강생들에게 DET 컨설팅을 진행하면서 수천 건에 달하는 답변을 받았고 첨삭과 피드백을 제공하였습니다. 기쁘게도 이 피드백을 통해 정말 많은 수강생들이 고득점을 달성하였고 지금도 목표 점수를 획득하고 있습니다. 이렇게 꾸준히 축적한 저만의 DET 노하우와 수강생 데이터를 기반으로 체계화한 '감점&가산점 법칙'에 대해 아낌없이 전부 소개해드리려 합니다.

소개에 앞서 한 번 더 '고득점 답변 제출 프로세스'를 짚고 넘어가봅시다.

DET 고득점 답변 제출 전략

=

채점 방식에 기초한 답변(뼈대) + 감점 요소 줄이기(↓)

+ 가산점 요인 늘리기(↑)

이제 채점 방식으로 뼈대를 갖추었으니, 감점&가산점 요인을 명확히 이해해서 살을 더해볼까요?

DET 감점 요인

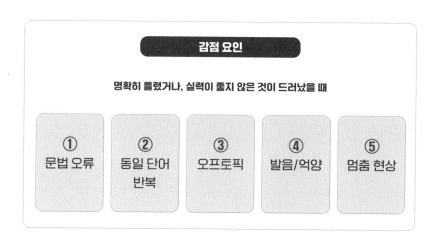

① 문법 오류

문법은 틀릴 때마다 감점입니다. 대소문자, 스펠링, 마침표, 콤마는 물론 단수/복수, 시제, 관사, 전치사 등 모든 문법적 요소를 측정합니다. 문법 오류가 발생할 때마다 감점되기 때문에 최대한 줄여주는 것이 좋습니다.

② 동일 단어 반복

학생들이 많이 놓치는 요인 중 하나입니다. 하나의 단어를 답변에서 계속해서 사용한다면? 어휘력이 부족하다는 반증입니다. 같은 단어만 반복하여 답변하면 표현력 또한 좋지 않겠지요. 이는 청자나 독자의 이해를 방해합니다.

DET 고득점을 위해서는 한 개의 영단어를 세 번 이상 반복해 답변하는 것을 지양해야 합니다. 반복되는 단어가 있다면 동의어로 바꿔보고, 단어를 풀어서 설명하는 노력이 필요합니다.

③ 오프토픽(Off Topic)

아카데믹한 시험에서 질문의 물음과 다른 답변을 한 경우를 우리는 오프토픽이라 부릅니다. 막연히 '질문을 잘못 생각했네?'라며 넘어가기에는 큰 감점 요인입니다. 질문과 무관한 답변이 나온다면 AI는 응시자가 질문을 정확히 이해하지 못했다고 생각하기 때문입니다.

질문을 이해하지 못했다는 것은 곧 '대화가 잘되지 않는다'라는 뜻이기도 하겠지요. 유학을 위한 영어시험에서 영어로 대화가 되지 않는 것을 작은 문제로 보기는 어렵습니다. 이로 인해 DET는 오프토픽에 큰 감점을 줄 수밖에 없습니다.

오프토픽은 고득점을 결정짓는 중요한 요인이기 때문에 조금 더 자세히 다룰 예정입니다. 7장 두 번째 챕터 '응시자 50%는 오프토픽으로 답한다'에서 오프토픽 피하는 방법을 자세히 기재하였으니 참고해주시기 바랍니다.

④ 발음/억양

발음이 원어민처럼 너무 좋을 필요는 없습니다. 하지만 AI가 내 발음을 정확히 알아들을 수는 있어야 합니다. 내 발음이 좋지 않으면 AI는 우리의 답변을 명확히 인지하지 못합니다. 오히려 이상한 단어로 오해하고 완전히 다른 해석을 하지요. 적어도 AI가 이해할 만큼은 정확하게 발음해야 실력을 제대로 평가받을 수 있습니다.

혹시 발음에 자신이 없다면, 최대한 크고 또박또박하게 얘기해보세요! AI가 답변에서 더 많은 단어를 인지하게 되고, 그에 따라 유창성, 논리성 등을 더 좋게 평가받을 수 있습니다.

⑤ 멈춤 현상(Hesitation)

멈춤 현상은 스피킹 시 머뭇거리거나, 답변을 하지 못하고 가만히 있는 것을 말합니다. '3초'가 중요합니다. 만약 내가 스피킹 답변 시 3초 이상 가만히 있었다면 명백한 유창성 부족입니다. 3초 이상 멈춤 현상이 지속된다면 감점이 계속 누적될 것입니다. 반대로 3초 이상 멈추지 않고 제한시간까지 유창하게 스피킹한다면 가산점을 받게 될 것입니다.

따라서 스피킹 시 3초 내에 답변을 계속해서 이어갈 수 있도록 연습해보시기 바랍니다.

답변에서 추가 점수를 받는 것도 중요하지만 점수를 지키는 것도 매우 중요한 전략입니다. 답변에서 위 5가지 감점 요인을 제거한다면 목표 점수 달성에 한 발 더 다가갈 것입니다.

DET 가산점 요인

그렇다면 가산점, 즉 추가 점수는 언제 받을 수 있을까요? 사용하기 어려운 영어 표현을 자연스레 활용해 답변하고, 자신의 실력을 극대화해서 보여줄 때 가산점을 받을 수 있습니다. DET 고득점을 위해서는 라이팅 제한시간 5분, 스피킹 제한시간 1분 30초 동안 자신의 영어 실력을 최대한으로 뽑내야 합니다. '잘하는 척'이라도 계속해야만 고득점 받을 확률이 높아지는 것입니다.

그렇다면 어떻게 '잘하는 척'을 할 수 있을까요? 수백 명 학생들의 답변 및 목표달성 사례를 분석한 결과 크게 8가지의 가산점 요인이 있었습니다.

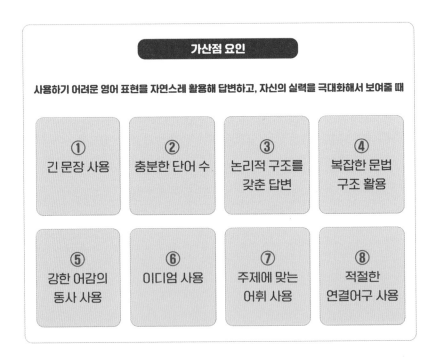

가산점 요인

사용하기 어려운 영어 표현을 자연스레 활용해 답변하고, 자신의 실력을 극대화해서 보여줄 때

①
긴 문장 사용

②
충분한 단어 수

③
논리적 구조를
갖춘 답변

④
복잡한 문법
구조 활용

⑤
강한 어감의
동사 사용

⑥
이디엄 사용

⑦
주제에 맞는
어휘 사용

⑧
적절한
연결어구 사용

자신의 답변에 가산점 요인들을 최대한 적용해보세요. AI는 이를 추가점수를 줄 수밖에 없는 요인으로 받아들일 것입니다.

① 긴 문장 사용

자신의 답변이 단문으로만 이루어져 있다면 긴 문장을 구사하지 못하는 학생으로 비춰질 수 있습니다. 반대로 문장의 길이를 늘린다면 영어를 잘하는, 유창성이 뛰어난 응시자로 보이게 됩니다.

따라서 짧은 문장과 단조로운 문법은 피하고 접속사 등을 활용해 답변을 길게 작성하고 말해보세요. 실제로 사진 묘사 유형에서도 짧은 5문장보다 긴 3문장으로 답변했을 때 더 높은 점수가 나왔습니다.

② 충분한 단어 수

이제 우리 독자분들이라면 아래 질문에 충분히 답변하실 수 있을 거라 생각합니다. 많은 단어를 가지고 스피킹&라이팅을 한다는 게 무슨 뜻일까요? 그렇습니다! 유창성이 뛰어나다는 의미입니다.

내 답변의 단어 수가 곧 유창성이고, 유창성은 스피킹&라이팅 점수에 큰 영향을 끼칩니다. 이로 인해 앞에서도 100단어 이상 쓰는 것이 고득점에 유리하다고 말씀드렸던 것입니다. 보다 더 구체적으로 점수대별 추천 단어 수를 알아봅시다.

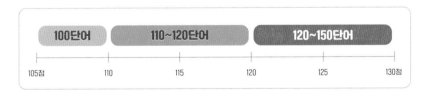

꼭 이 단어 수를 채워야만 점수가 나오는 것은 아닙니다. 하지만 목표 점수를 달성한 학생들의 답변 단어 수를 종합했을 때 작성한 단어 수는 평균적으로 이와 같았습니다.

3장의 '50단어 쓰기', '질문 보고 말하기' 유형에 소개된 DET 스피킹& 라이팅 템플릿만 적절히 활용해도 60단어는 저절로 채울 수 있습니다. 혹 여 영문 타이핑 속도가 느리다 할지라도 반복적으로 템플릿을 작성하는 연 습을 하면 충분히 속도를 높일 수 있습니다.

자신의 목표 점수에 따라 제한시간 내에 단어 수를 채울 수 있도록 지금 부터 연습해보시기 바랍니다.

③ 논리적 구조를 갖춘 답변

DET는 친구들과 수다 떨기 위해 보는 시험이 아닙니다. 자신의 생각을 논리적으로 표현할 수 있는지 검증받는 아카데믹한 시험입니다. 하지만 우 리에게 논리성 점수를 확보하는 것은 더 이상 어려운 일이 아닙니다. 7문장 구조 법칙을 따라 입장 표명 – 주장&예시 – 주장&근거 – 주장&결론의 흐 름으로 답변한다면 논리성은 자연스레 갖추어지기 때문입니다.

무작정 템플릿을 암기해 쓰기보다, 문장의 의미를 정확히 이해하고 그에 맞게 답변을 작성해나간다면 손쉽게 논리성을 갖출 수 있습니다.

④ 복잡한 문법 구조 활용

단조로운 문법 구조로만 답변해서는 절대 고득점을 받을 수 없습니다. 템플릿을 활용하면 어느 정도 복잡한 구문이 섞여 가산점 획득에 유리하지 만, 템플릿에 자신의 의견을 덧붙일 때 문법 구조가 너무 단조로우면 고득 점에 한계가 있습니다. 따라서 다음에 제시된 문법 구조를 최대한 활용하 여 답변한다면 더 많은 가산점을 받을 수 있을 것입니다.

〈복잡한 문법 구조 예시〉

- not only~ but also~

- no matter what/how

- 가정법 과거

- 현재 완료 수동태 등

⑤ 강한 어감의 동사 사용

영어는 동사가 매우 중요한 언어입니다. 사람들 대부분이 잘 사용하지 않는 아카데믹한 동사만 잘 활용해도 가산점을 수월히 축적할 수 있습니다. 아래의 유용한 아카데믹 어휘 찾는 법을 통해 무수히 많은 동사들을 학습해보시기 바랍니다.

〈유용한 아카데믹 어휘 찾는 방법〉

- 구글에 'Academic Strong Verbs List' 검색

- 구글에 'Synonyms of 동사' 검색

- Thesaurus 웹사이트

⑥ 이디엄 사용

"정말 일석이조네요!", "그건 식은 죽 먹기보다 쉬운 일이에요.", "새 발의 피일 뿐인 걸요?" 어떤 외국인이 한국어로 이와 같이 말한다면 어떤 생각이 들까요? "한국어 너무 잘한다! 어떻게 이렇게 한국어를 잘하세요?" 이렇게 되묻고 싶어질 것입니다.

둘 이상의 단어가 연결되어, 각 단어가 가지는 고유한 뜻이 아닌 특별한

의미를 지니는 말, 즉 관용구, 숙어, 관용어 등을 이디엄(Idiom)이라고 합니다. 우리가 DET에서 이디엄을 사용할 수 있다면 점수를 측정하는 AI도 우리를 보고 영어 너무 잘한다고 생각할 수 있겠지요? 그런 감탄이 우리에게 높은 점수로 되돌아오는 건 당연한 결과일 거예요.

꼭 이디엄을 사용해야만 고득점을 받을 수 있는 것은 아닙니다. 하지만 이미 120점을 받은 상황에서 더 높은 점수를 목표로 하고 있거나, 점수가 정체되어 있는 상황이라면 더도 말고 덜도 말고 아래 10가지 이디엄을 암기하여 답변에 활용해보시기 바랍니다.

〈다양한 주제에 활용 가능한 누리쌤 추천 이디엄 10가지〉

1. Over the moon 너무나도 기쁘고 행복한
2. Once in a blue moon 아주 드물게 일어나는
3. Kill two birds with one stone 일석이조
4. A piece of cake 식은 죽 먹기
5. A drop in the bucket 새 발의 피
6. Fixed in your ways 고정관념
7. Great minds think alike 생각이 통하다
8. The last straw 인내심의 한계
9. It's a small world 세상은 좁다
10. A flash in the pan 일시적인 성공

⑦ 주제에 맞는 어휘 사용

어떠한 주제가 나와도 내가 아는 단어만 조합하여 사용하게 되면 단조로운 표현과 설명이 되기 마련입니다. 무작정 단어만 외우는 것보다는 주제

별로 단어를 암기한다면 실제 답변에 매우 실용적으로 활용할 수 있습니다. 아래 DET에서 자주 출제되는 11가지 주제의 어휘를 확인하여 답변에 적용해보시기 바랍니다.

〈DET에서 자주 출제되는 주제별 어휘〉

주제	건강	여행	선택&결정	기술	성공
명사 1	health risk 건강 위험	value for money 합당한 가격	underlying reason 근본적인 원인	technological advances 기술의 발전	successful formula 성공적인 공식
명사 2	health care 의료서비스	tourist attractions 관광명소	decision-making 의사결정	technological breakthrough 기술의 혁신	successful businessman 성공적인 사업가
명사 3	obesity 비만	tourist facilities 관광시설	careful thought 심사숙고	labour-saving machines 노동력을 절약하는 기계	different view 다른 견해
명사 4	balanced diet 균형 잡힌 식단	affordable travel 합리적인 여행	sole responsibility 단독 책임	time-saving machines 시간을 절약하는 기계	maximum effort 최대한의 노력
명사 5	poor diet 해로운 식단	long haul flights 장거리 비행	safe alternative 안전한 대안	artificial intelligence 인공지능	academic achievement 학문적인 업적

주제	정부&사회	직업	인터넷	교육	환경	팬데믹
명사 1	federal authority 연방 당국	overtime 초과근무	instant access 빠른 접근	online resources 온라인 자료	pollutant 오염물질	outbreak 질병의 발생
명사 2	authority 공권력	job switching 일자리 옮기기	global connection 전 세계적인 연결	distance learning 원격 교육	pollution level 오염도	pandemic 전 세계적인 유행병
명사 3	hidden motives 숨은 의도	financial reward 금전적인 보상	revolutionized communication 혁명적인 소통	higher education 대학 교육	a waste disposal unit 쓰레기 처리기	social distancing 사회적 거리두기
명사 4	domestic violence 가정 내 폭력	unemployment benefits 실업 수당	effective measures 효과적인 대책	academic qualification 학위	conceivable method 생각할 수 있는 방안	quarantine 전염병 확산을 막는 격리
명사 5	juvenile delinquency 청소년 범죄	credibility 신뢰성	personal information leakage 개인 정보 유출	structured course 체계적인 과정	wildlife extinction 야생동물의 멸종	The policy of living with the virus 바이러스와 함께 사는 정책

⑧ 적절한 연결어구 사용

연결어구는 영어로 'Linking Words' 혹은 'Transition Words'라고 부릅니다. Moreover, In addition, Therefore, As a result와 같은 표현이 여기에 해당합니다.

이러한 표현을 DET에서 사용하면 무엇이 좋을까요? 점수에 긍정적인 영향을 끼치는 2가지 요인이 있습니다.

첫째, 연결어구는 아카데믹 답변의 기초입니다. 기초 표현을 많이 알고 있다는 것을 보여주어 가산점 확보가 가능합니다.

둘째, 독자의 이해를 돕습니다. '게다가, 그러나, 그러므로, 그러한 이유로'와 같은 표현을 신문 기사 작성 시, 혹은 토론할 때 사용하지 않는다면 어떨까요? 문장마다 연결 흐름이 매끄럽지 못해 발화자의 의견을 이해하는 데에 어려움이 있을 것입니다. 따라서 이러한 연결어구를 사용한다면 독자들의 이해를 도울 수 있습니다.

DET는 제한시간이 짧기 때문에 글의 논리가 바뀌는 지점마다, 최대한 많은 연결어구를 사용하기를 권장합니다. 3장에서 소개한 스피킹&라이팅 템플릿에도 이러한 연결어구가 문장의 시작점마다 포함되어 있는 것을 눈치채셨을 것입니다.

아래는 아카데믹 답변에 자주 사용되는 8종류의 연결어구입니다. 다양한 동의어를 활용하여 점수를 향상시키시기 바랍니다.

〈자주 사용되는 8종류 연결어구 및 동의어 표현〉

Emphasis 강조	Certainly	Particularly	Without a doubt	Significantly	Undoubtedly
Addition 추가	Furthermore	Moreover	Additionally	In addition	Besides
Contrast 반대	In contrast	Conversely	Nonetheless	Despite	Nevertheless
Comparison 비교	Similarly	As with	Equally	In the same way	Likewise
Opinion 의견	As for me, I think	I believe that	From my perspective	I'd say that	As far as I know
Clarification 설명	To explain	To simplify	To put it more clearly	To put it in another way	To break it down
Illustration 예시	For one thing	In other words	For instance	In this case	As an example
Conclusion 결론	Overall	Briefly	In conclusion	To sum up	As a result

가산점을 받기 위해 '잘하는 척'하는 것이 중요하다고 말씀드렸는데 생각보다 많은 가산점 요인들이 있고, 또 체계적이지요?

감점 요인보다 가산점 요인이 많다는 건 그만큼 점수 향상이 보장된다는 의미이기도 합니다. 이제 DET의 채점 방식부터 감점 요인, 그리고 가산점 요인까지 정확히 이해하셨으니, 이러한 정보들을 하나씩 답변에 적용해나간다면 충분히 목표 점수를 받게 되리라 믿습니다.

5장

당신의 숨은 점수를 찾아주는
10가지 법칙

지금까지 DET의 기본 정보부터 문제 유형 및 전략, 그리고 채점 방식과 감점&가산점 법칙까지 모두 알아보았습니다. 5장에서는 앞에서 언급한 많은 전략들과 미처 소개하지 못한 전략들 중 핵심만을 추렸습니다. 이름 하여, '당신의 숨은 점수를 찾아주는 법칙 10'.

시험 전, 숨은 점수를 가장 빠르게 향상시킬 수 있는 핵심 법칙들만 소개할 예정입니다. 아무리 급해도 아래 10가지 사항은 꼭 기억하여 답변에 적용해보시기 바랍니다.

'당신의 숨은 점수를 찾아주는 법칙 10'

① 리딩&리스닝 문제 효율적으로 푸는 법

Official Fact

Use all of the time that you have available to answer a question. You will not receive a better score for answering questions faster.

리딩&리스닝 영역, 즉 답이 명확한 문제 유형에서는 답변을 빨리 해도 가산점(추가 점수)이 없습니다. 반대로 제한시간을 꽉 채워 답변해도 감점 되지 않습니다. 그렇다면 우리는 어떻게 해야 할까요? 올바른 답변만 제출 하도록 제한시간을 최대한 활용해 검토한 후 넘어가야 합니다.

쉽게 풀리는 문제라고 단번에 정답을 쓴 뒤 바로 NEXT 버튼을 누르면 스펠링, 문법 등 중요 요인을 놓치고 실수하는 경우가 많습니다.

아래의 문제 유형별 자세한 검토 방법을 확인한 뒤, 실제 시험에서는 실 수를 최대한 줄이시기 바랍니다.

〈리딩&리스닝 문제 유형별 검토법〉

• **진짜 영단어 찾기(텍스트), 진짜 영단어 찾기(리스닝)**
- 틀린 단어인데 맞는다고 선택하지는 않았는지.
- 맞는 단어만 모두 선택한 것이 맞는지.
- 검토 후 NEXT!

• **빈칸 채우기**
- 모든 빈칸을 채웠는지.
- 채운 빈칸의 지문을 처음부터 끝까지 독해했을 때 문제없이 매끄러운지.
- 검토 후 NEXT!

- **리딩 섹션**
- 지문에 근거하여 선택지를 택한 것이 맞는지.
- 다른 선택지보다 자신의 답변이 질문에 가장 근접한 내용이 맞는지.
- 검토 후 NEXT!

- **듣고 쓰기**
- 관사, 전치사 오류가 없는지.
- 대소문자를 정확히 썼는지.
- 마침표, 콤마가 정확히 찍혔는지.
- 세 번의 청취 기회를 모두 사용하였는지.
- 검토 후 NEXT!

② 진짜 영단어 찾기 유형 정확성 높이는 법

Official Fact

Select only the words you know are real! Trust yourself.

진짜 영단어 찾기 유형에서 틀리는 경우는 2가지예요.

- 존재하는 영단어인데 몰라서 선택하지 않은 경우.
- 없는 단어인데 존재하는 단어라 잘못 생각하고 선택한 경우.

이 중 어떤 경우에 더 큰 감점을 받게 될까요? 그렇습니다. 없는 단어를 존재하는 단어라 잘못 선택한 경우가 더 큰 감점 요인이 됩니다.

따라서 이러한 실수를 줄이기 위해 그 뜻이 무엇인지 80% 정도는 확신하는 단어만 선택하시기 바랍니다.

점수를 더 받는 것도 중요하지만, 점수를 지키는 것도 매우 중요하다는 것! 꼭 명심해주세요.

③ 빈칸 채우기 유형에서 1점이라도 더 받는 법

Official Fact

In Read and Complete, you will receive the same score for a blank or an incorrect response.

빈칸 채우기 유형도 틀리는 경우가 2가지 있습니다.

- 빈칸에 작성한 알파벳이 틀렸을 경우.
- 빈칸에 아무것도 쓰지 않고 제출했을 경우.

이 2가지 오류는 모두 동일한 감점을 받게 됩니다. 즉, 빈칸을 채우든 채우지 않든 답이 틀렸다면 동일한 점수를 받는다는 것입니다.

그렇다면 빈칸 채우기 유형은 어떻게 풀이해야 유리할까요?

1개의 알파벳이라도 찍어서 맞힌다면 부분 점수를 받게 됩니다. 따라서 알파벳 1개분의 부분 점수라도 받을 수 있도록 모든 빈칸을 채워서 제출해야 합니다.

〈예시〉

질문: The w_ _ had destroyed their dreams and h_ _ given th_ _ nothing

　　　 t_ replace th_ _ _ dreams.

→ 정답: The war had destroyed their dreams and had given them nothing

　　　　 to replace those dreams.

→ 오답 1: The wa_ had destroyed their dreams and ha_ given them

　　　　　 nothing to replace th_se dreams. = 빈칸 3개

→ 오답 2: The way had destroyed their dreams and has given them

　　　　　 nothing to replace these dreams. = 오답 3개

* 오답 1과 오답 2는 동일 점수

　모르는 빈칸을 채울 때 맞힐 확률을 조금이라도 더 높이는 방법은 없을까요?

　있습니다. 모르는 빈칸은 영어의 모음(a, e, i, o, u) 중 1개의 알파벳으로 채워 제출하는 것입니다. 영단어에서 가장 자주 사용되는 알파벳이 모음이기에 정답 확률을 조금이라도 더 높일 수 있습니다. 정말 단어가 떠오르지 않을 때 모음을 활용해보세요!

④ 듣고 쓰기 유형에서 득점 확률 높이는 법

For Listen and Type, you will be penalized more for missing a word than mistyping the word.

듣고 쓰기 유형은 단어를 잘못 입력한 경우보다 단어를 누락했을 때 더 큰 감점을 받게 됩니다. 잘못 입력한 경우는

- 어휘에 스펠링 오류가 있을 때.
- 시제를 잘못 입력했을 때(동사 뒤 -s, -ing, -ed 오류).

위의 2가지 상황을 말합니다.

하지만 이보다 단어를 통째로 빠뜨렸을 때 더 큰 감점을 받게 됩니다.

따라서 단어 개수가 맞도록 한 단어, 한 단어 소중히 듣고 쓰는 것이 중요합니다. 듣고 쓰기 유형의 답변 예시를 통해 점수 프로세스를 한 번 더 이해해봅시다.

〈예시〉

정답: Finally, the results of this investigation were published in a scientific magazine.

→ 오답 1: Finally, a results on this investigation was published a scientific magazine.

→ 오답 2: Finally, results this investigation published a scientific magazine.

* 오답 2가 오답 1보다 더 큰 감점

특히 관사(a, an, the) 혹은 전치사(in, at, on)는 단어를 통째로 빠뜨리기 쉽습니다.

주어진 1분 제한시간을 최대한 활용해 세 번의 청취 기회를 모두 사용하세요. 이후 제한시간이 종료되기 5~10초 전, 꼭 관사와 전치사가 잘 맞는지 검토한 뒤 넘어가시기 바랍니다.

기억하세요. 스펠링 오류보다 한 단어를 통째로 빠뜨렸을 때 더 큰 감점을 받게 됩니다.

⑤ 리딩 섹션 답안 하이라이트 범위 선정법

Official Fact

Be precise but thorough in your selection, and make sure to highlight only the answer to the question asked.

'리딩 섹션 중 하이라이트하는 문제에서 답을 얼마큼이나 하이라이트하는 것이 좋은가요?'

DET가 업데이트되고 나서 가장 많이 받았던 질문 중 하나입니다.

공식 채점 기준에 따르면, 답변인 어휘만 정확히 드래그할 때 가장 높은 점수를 받을 수 있습니다. 하지만 문제를 풀다 보면 어디서부터 어디까지가 정확한 질문의 답인지 찾기 어려울 때가 있습니다. 단어 몇 개만 드래그 했는데 그중 답변이 될 만한 중요 키워드가 빠져 있다면 큰 감점 요소가 될 것입니다.

이를 줄이기 위한 효과적인 방법은, 질문에 대한 답이 나온 한 문장 전체를 드래그하는 것입니다. 즉, 두세 개의 단어가 아닌, 키워드를 포함하고 있는 한 문장의 주어부터 마침표까지 전체를 하이라이트하는 것이지요. 그러면 답변을 포함하면서도 너무 많이 표시하지 않았고, 너무 적게 표시하지도 않았기에 이 답변을 틀렸다고 평가하기 어렵습니다.

따라서 몇 개 단어만 하이라이트하기가 애매하다면, 그 단어가 포함된 한 문장 전체를 드래그하는 것도 좋은 방법입니다.

⑥ 한 문장 읽고 따라 말하기 유형 발음 긴급 교정법

처음 본 단어가 나와도 당황하지 말고 자신감 있게 발음해야 합니다. 발음이 틀려도 괜찮으니 꼭 끝까지 문장을 읽고 녹음을 마쳐야 합니다.

간혹, 어떻게 발음하는지 모르겠다며 아는 단어까지만 녹음하고 끝내는 학생들이 있는데, 그러면 안 됩니다. DET는 1개의 문제에서 많은 감점을 받았다 하더라도 Overall 점수에는 큰 영향을 미치지 않습니다. 여러 문제들을 종합적으로 평가하여 점수를 산출하기 때문입니다.

한 문장 읽고 따라 말하기 유형은 학습자의 발음과 억양을 측정하기 위해 만들어진 유형입니다. 우리는 그 출제의도에 맞추어 최대한 정확히 발음하고, 자연스러운 억양으로 얘기할 수 있어야 합니다.

이 유형에서 꼭 기억해야 할 중요한 기본 사항들이 있습니다.

- 한 문장 읽고 따라 말하기 유형이 시작되면 큰 소리로 해당 문장을 소리 내어 읽고 연습해보세요. 절대 문제가 되지 않습니다.
- 어떻게 끊어 읽어야 더 자연스러울지 문장을 빠르게 파악해보세요.
- 큰 소리로, 또박또박 자연스러운 속도로 답변한다면 점수를 잘 받을 수 있습니다.

실제 시험에서는 제시된 문장들 속에 처음 본 단어가 최소 1개는 나올 거예요. 만약 처음 본 단어가 문장에 나오지 않았다면 앞의 질문에 대해 답변을 잘 못 해 낮은 난도의 문제가 출제됐을 가능성이 높습니다.

처음 본 단어를 잘 발음하기 위해서는 아래 2가지 학습이 필요합니다.

- 각 알파벳이 어떠한 소리 특징을 가지고 있는지 정확히 알아야 합니다.
- 그것이 하나의 단어로 합쳐졌을 때 어떻게 발음되는지 이해하고 있어야 합니다.

이를 위해 유튜브에 'Alphabet sounds' 혹은 'letter sounds'라고 검색하여 알파벳별 소리를 파악해봅시다. 혹은 3장 중 '진짜 영단어 찾기(리스닝)' 유형 공부법에서 소개한 YouGlish 사이트에 모르는 영단어를 검색하여 실제 원어민들의 예문을 참고하여 발음 연습을 하는 것도 효과적입니다.

잊지 마세요! DET도 어려운 단어라는 걸 인지하고 출제한 것입니다. 단지 학생이 처음 본 어려운 단어를 어떻게 발음하는지 그 능력을 판단하기 위한 의도일 뿐입니다. 따라서 절대 당황하지 말고 자신감 있게, 소리 나는

대로 끝까지 녹음하고 다음 문제로 넘어가시기 바랍니다.

⑦ 보다 더 아카데믹하게 스피킹&라이팅 답변하는 법

영어시험에서 스피킹&라이팅은 리딩&리스닝과 다르게 정답이 명확하지 않습니다. 이로 인해 스피킹&라이팅은 시험마다 채점 방식도 조금씩 다릅니다.

간혹 스피킹&라이팅도 모범 답안이 있다 생각하여 답변을 거기에 끼워 맞추려고 노력하는 분들이 있습니다. 이는 하나의 현상에 대한 자신의 생각을 다른 평범한 사람 기준으로 맞추려 하는 것입니다. 이런 경우 답변을 하고 나서도 내가 어떤 말을 했는지 기억하기 어렵고, 논리성과 거리가 먼 경우가 많습니다.

사람마다 논제에 대한 생각과 시선은 다릅니다. 따라서 자신의 주관에 따라 답변해야 합니다. 또한 우리의 목표인 '고득점'을 위해서, 앞서 소개해 드린 채점 방식을 잘 이해한 뒤 감점&가산점 요인들을 최대한 적용해 답변하는 것이 좋습니다.

이제 스피킹&라이팅 문제에 답변할 때 아래와 같이 사고방식을 바꿔보는 건 어떨까요? '어떻게 말해야 답변을 더 잘할 수 있을까?'가 아니라, '어떻게 말하면 저 사람을 설득할 수 있을까?'라고 생각하는 것입니다.

DET는 유학뿐만 아니라 해외 인턴십, 취업 등 다양한 분야에서 필요한 지원자의 영어 능력을 확인하기 위한 시험입니다. 유학 시에는 에세이 작성 및 토론을 해야 하며, 회사 생활을 할 때는 자신의 생각대로 누군가를 설득할 수 있어야 합니다. 이러한 과업을 잘 수행하기 위해서는 자신의 주장을 논리적으로 펼칠 수 있어야 합니다.

따라서 이 시험을 준비할 때에는 누군가를 설득하기 위한 사고를 가지는 것이 좋습니다. 명확하게 자신의 주장을 얘기하고, 그에 따른 섬세한 예시와 근거자료를 들 수 있어야 누군가를 설득할 수 있습니다. 이것이 아카데믹한 시험의 사고력을 구축하는 최적화된 방법이기도 하지요.

⑧ 외운 문장을 똑똑하게 사용하는 법(만능 3문장)

'한두 문장 정도는 통째로 미리 외워둔 뒤 말문이 막힐 때 활용하면 안 될까요? 가만히 있어서 감점받는 것보다 낫지 않을까 싶어서요.'

생각보다 많이 받는 질문 중 하나입니다.

주어부터 마침표까지 한 문장을 통째로 외워서 말하다 보면 아무래도 질문의 의도와 조금 다른 답변을 하게 될 가능성이 높습니다. 특히 같은 문장을 시험에서 두 번 이상 여러 번 반복해 말할 경우, 외워서 답변한 것이 명백해지기 때문에 결과 미인증 및 차단 통보를 받을 수 있습니다.

정말 급한 경우 통째로 외운 문장을 한 번 정도 사용하는 것은 괜찮습니다. 하지만 두 번 이상 사용할 경우 문제가 생길 수 있기 때문에 꼭 삼가주시기 바랍니다.

그럼, 상황에 따라 사용하면 유용한 만능 3문장을 소개해드리겠습니다.

• **만능 문장 1(입장 표명 이후 주장할 때)**:

Accordingly, the solutions to the aforementioned issues should also be varied.

(따라서 앞서 언급한 문제에 대한 해결책도 다양해야 합니다.)

- 만능 문장 2(문제에 대한 해결책을 제시할 때):

  Fortunately, several solutions have been found.

  (다행히도, 몇 가지 해결책들이 발견되었습니다.)

- 만능 문장 3(어떤 선택이 더 좋은지 답할 때):

  Personally, I am in favour of the former/latter view.

  (개인적으로, 저는 전자/후자의 견해에 찬성합니다.)

  ※ 책에 제시된 템플릿은 예시입니다. 실제 시험에서는 나만의 템플릿을 만들어 사용하시기 바랍니다.

앞서 언급한 바와 같이 통째로 외운 문장은 시험에서 두 번 이상 반복 사용하지 마시기 바랍니다. 다만 정말 말문이 막히고 답변하기에 막막할 때 활용하면 시간을 벌어줄 수 있는 좋은 방안이 될 것입니다.

⑨ 질문을 이해하지 못했을 때 대처법

Official Fact

If you don't know how to answer the question, try explaining what is challenging to you about the prompt.
Make sure you have a clear understanding of the prompt before you start to record.

만약 질문을 이해하지 못했다고 해서 답변을 하지 않고 가만히 있으면 어떻게 될까요? 유창성 부족으로 매우 큰 감점이 될 수 있고, 채점할 수 없으니 AI가 점수 주기를 포기할 수도 있습니다(미인증).

따라서 질문을 정확히 듣지 못했으면 이해하지 못했다고 사실대로 답변해도 괜찮습니다. 단, 몇 가지 이해한 키워드에 대해 답변해보겠다고 미리 말해야 합니다. 이후 그 키워드에 대한 자신의 아이디어를 답변한다면 부분 점수를 받아낼 수 있습니다.

컨설팅 수강생의 실제 사례인데요. 질문 듣고 말하기 유형에서 질문을 아예 이해하지 못하여 이해한 몇 개의 키워드만으로 답변한 학생이 있었습니다. 저는 학생에게 그 한 문제만으로 채점을 하는 게 아니라 답변을 종합적으로 평가하니 충분히 고득점이 가능할 것이라 얘기해주었습니다.

실제로 그 학생은 Overall 120점이 나왔습니다. 우리는 만점인 160점을 받기 위해 시험을 보는 것이 아니기 때문에 이 정도 실수는 사실 괜찮습니다. 따라서 질문을 이해하지 못했다고 절대 포기하지 마시고, 아래와 같이 답변하여 시험에 임해주시기 바랍니다.

〈질문을 이해하지 못했을 때 답변〉

- Sorry, I'm not sure what this question means, so let me start talking about this. That would be~

  (죄송합니다. 이 질문이 어떤 뜻인지 잘 모르겠으니, 이것에 대해 이야기를 시작하겠습니다. 그것은 ~일 것입니다.)

- Sorry, I didn't understand the question, but I have a lot to say about this. That would be~

  (죄송합니다. 저는 그 질문을 이해하지 못했습니다만, 이것에 대해서는 할 말이 많습니다. 그것은 ~일 것입니다.)

⑩ 내 실력을 100% 발휘할 수 있는 공부법

매일 1~2회 공식 연습문제 풀이하기

매일 DET 공식 연습문제를 풀면 정말 큰 장점이 있는데요. 바로 '문제풀이의 감'을 잃지 않을 수 있다는 점입니다. 다만 초반에는 연습문제 결과에 너무 연연하지 않으셨으면 좋겠습니다. 처음에는 시험에 적응하기 위해 문제를 푸는 행위 자체에 집중해야 하기 때문입니다.

또한, 공식 연습문제 풀이로 자신의 실제 시험 성적을 어느 정도 가늠해볼 수 있습니다. 1,000명 이상 학생들의 DET 실제 시험 점수와 모의시험 결과를 비교했을 때 하나의 공식을 발견할 수 있었습니다.

실제 시험 점수 = 모의시험 최소 점수 ± 10점

모의시험에서 받은 최대 점수는 단지 '이렇게 나올 가능성도 있다.' 정도로만 생각해야 합니다. 보다 더 객관적으로 시험 준비를 하는 방법은 연습 시험의 최소 점수를 목표 점수보다 10점 정도 높게 받도록 꾸준히 연습하는 것입니다. 예를 들어, 목표 점수가 110점이라면 모의시험 최저점을 120점 이상 받을 수 있게끔 학습 가이드라인을 설정하는 것입니다.

〈공식 연습문제 풀이 후 해야 할 일〉

1. 최소 점수 기록하기.
2. 자신의 목표 점수와 최소 점수 간의 차이 확인하기.
3. 이번 모의시험 문제풀이를 통해 어떤 점을 새롭게 알게 되었는지 1가지 이상 작성하기.
4. 문제풀이 중 어떤 점으로 인해 해당 점수가 나왔다고 생각하는지 Self-feedback하기.
5. 보완점 기록한 후 다음 연습문제 풀이 시 더 높은 최소 점수를 받을 수 있도록 연습하기.

실제로 DET 웹사이트의 연습문제를 매일 풀고 기록을 남겼던 분들은 실제 시험 점수를 수월하게 예측할 수 있었습니다. '실제 시험 점수 = 모의 시험 점수 ± 10점' 공식을 생각하며, 매일 1~2회 연습문제를 풀어보고 자신의 최소 점수를 기록해보세요!

영어 공부 습관화하기

추가로, 영어 실력 향상을 위한 '습관화' 공부법을 소개해드립니다. 누군가 자신에게 갑자기 '영어로 스피킹 좀 해주세요', '라이팅 좀 해주세요'라고 요청하는 경우가 있습니다. 이때에도 바로 영어로 말하거나 쓸 수 있을 만큼 습관화되어 있다면 시험에서도 답변하는 데에 큰 이점을 가지게 됩니다. 일상생활에서 영어를 습관화하는 것은 자신의 실력을 100% 끌어올릴 수 있는 방법입니다.

〈영어 습관화 공부법〉

- 영어로 혼잣말하기.
- 한글로 된 글이나 영상 보며 간단히 번역해보기.
- SIRI와 대화하기.

특히, 세 번째 방법은 실제 저의 학생이 점수 향상에 큰 효과를 본 방법입니다. 자투리 시간에 오늘 무엇을 했고, 무엇을 할 예정이라고 SIRI와 대화해보는 것입니다. SIRI 이외에도 Alexa, Google Nest Mini 등 음성인식 비서 서비스라면 무엇이든 좋습니다.

한마디로 자투리 시간을 모두 활용하여 영어를 사용하도록 습관화하는 것입니다. 이는 결국 하루 공부량을 최대한으로 끌어올리고, 준비 기간을 단축하는 효과를 가져옵니다.

6장

듀오링고 테스트의 가장 큰 복병,
점수 미인증의 모든 것

1. 시험 중단하기 버튼 사용 규칙

시험 중단하기란?

　　DET 시험 화면(예시)입니다. 오른쪽 상단에 'QUIT TEST'라고 쓰인 버튼이 보이시죠? 해당 버튼을 누르면 시험이 다시 처음으로 돌아가 리셋됩니다. QUIT TEST 버튼은 시험당 최대 2회 사용할 수 있고, 2회가 넘어가면 재결제 요청을 받을 수 있습니다.

시험 중단하기 버튼을 누르게 되면 불이익은 없을까요?

왠지 시험을 중단하면 불이익이 있을 것 같다는 생각이 듭니다. 이로 인해 이 버튼을 눌러도 되는 건지, 눌러도 불이익이 없는지 불안합니다. 다행히도, 시험 중단하기 버튼을 누른다 하여 따로 시험 점수에 악영향을 끼치거나, 계정이 차단되는 일은 아직 보지 못했습니다.

다만 DET 측에 문의해본 결과, 'QUIT TEST 기능은 인터넷 연결 불량, 정전, 혹은 기타 기술적 결함이 없는 한 사용할 수 없다.'는 답변을 받았습니다. QUIT TEST 기능은 기술적 결함이 있어 응시자가 100% 영어 실력을 발휘할 수 없을 때 이를 방지하기 위해 제작된 기능입니다. 따라서 꼭 필요한 때에만 사용하시기를 권장합니다.

2. 자주 발생하는 미인증 사례 TOP 6 및 해결법

혹시 미인증 결과를 받아본 적이 있으신가요?

DET가 발전함에 따라 규정 역시 조금 더 엄격해지고 있는 것이 사실입니다. 이로 인해 시험 전부터 미인증이 될까 봐 우려 섞인 마음을 가지고 계신 분들도 많은 것 같습니다.

시험 미인증이란?

"Your test could not be certified."

미인증 시 이와 같은 문구가 적힌 이메일을 받게 됩니다. 시험 규칙을 위반한 정황이 드러났거나, 혹은 답변을 평가할 수 없는 이유가 있어 점수 결과를 받지 못한 것입니다. 학생들이 자주 묻곤 하는 미인증 관련 몇 가지 질문들에 대해 알아봅시다.

"시험 횟수에 미인증된 시험도 포함되나요?"

시험 결과를 받지 못했다면 응시 횟수에 포함되지 않습니다. 결과를 받은 시험만 응시 횟수 제한에 해당됩니다.

"미인증된 후 다음 시험은 언제까지 볼 수 있나요?"

DET 측에서 재결제를 요청하지 않고 시험 인증이 되지 않았다고만 통보했다면, 구매일로부터 21일 이내에 무료로 재응시가 가능합니다. 단, 재결제 요청을 받은 경우에는 DET에 어떠한 이유로 재결제를 해야 하는지 문의하는 것이 좋습니다. 무료로 시험을 재응시할 수 있는 크레딧을 줄 수도 있기 때문입니다.

"또다시 미인증을 받을 확률이 높나요?"

만약 한 번이라도 미인증 결과를 받은 적이 있다면, 그 이유를 정확히 파악해야 합니다. 조치를 취하지 않은 채 다시 시험을 볼 경우 같은 이유로 또 인증되지 않을 수 있기 때문입니다. 보다 더 명확한 미인증 사유를 알고 싶다면 DET 측에 이유를 묻는 이메일을 보내거나, 실시간 채팅 문의를 하는 것이 좋습니다.

- **E-mail 문의**: 6장 '4. 이의 제기 메일 정중하게 보내는 법(209쪽)' 참고.
- **실시간 채팅 문의**: 듀오링고 웹사이트 접속 후 오른쪽 하단의 '도움말' 버튼 클릭
  → 검색 창에 'Live Chat' 입력 → 문의하기 버튼 → 문의 내용 작성(영어)

자주 발생하는 미인증 사례 TOP 6

미인증 통보에 대한 걱정을 최대한 덜어드리기 위해 자주 발생하는 미인증 사례 TOP 6와 해결법을 소개해드리겠습니다.

① 장시간 화면에서 시선을 돌렸습니다 or 눈을 떼었습니다.

▶ 발생 이유

학습자가 모니터 뒤나 기타 다른 곳에 시험에 도움이 되는 서류 등을 붙여놓고, 시선을 떼어 그곳을 쳐다보았다고 의심됨.

▶ 해결법

• **의자 뒤에 큰 거울 배치하기**

큰 거울을 자신의 의자 뒤에 배치하면 모니터 뒤에 아무것도 없다는 것을 보여줄 수 있습니다. 실제 많은 학생들이 효과를 본 방법 중 하나입니다.

• **빨간색 작은 스티커를 카메라 아래에 붙여놓고 응시하면서 시험 보기**

카메라 렌즈를 보고 얘기하는 건 많이 어색하고 어렵습니다. 그렇기 때문에 나도 모르게 무의식중에 다른 곳으로 시선을 돌리게 됩니다. 이를 방지하기 위해 빨간색 스티커를 카메라 아래에 붙여놓으면 시선 고정에 매우 효과적입니다.

② 너무 심한 음성과 영상 지연으로 귀하의 시험을 감독하기 어렵습니다.

▶ 발생 이유

주변 소음으로 인해 스피킹 답변이 명확히 녹음되지 않아 부정행위 등을 식별할 수 없음.

▶ 해결법

• 새벽 시간대에 시험 보기

새벽 시간이 가장 미인증될 확률이 적습니다. 주변 소음이 적고, 인터넷 연결 상태도 비교적 양호하기 때문입니다. 이 밖에도 새벽 시간에는 시험을 방해하는 요인이 상대적으로 적기 때문에 집중력 향상에도 효과적입니다. 온전히 시험에 집중할 수 있는 시간대에 시험을 응시하시기 바랍니다.

③ 이미 작성해두신 답변을 읽고 있는 정황이 발견되었습니다.

▶ 발생 이유

자연스럽지 않고 너무 기계적으로 답변해서, 영어 문장을 통째로 외워 시험을 본 것으로 의심.

▶ 해결법

• 템플릿 활용 시 최대한 자연스럽게 답변하기

템플릿으로 문장 구조를 어느 정도 외웠더라도 익숙하지 않다면 기계적으로 답변하게 됩니다. 템플릿을 활용한다면 무언가를 외웠거나 읽는 것처럼 보이지 않고 자연스럽게 얘기할 수 있도록 연습해야 합니다.

• 스피킹 시 위를 보는 행동 피하기

영어로 말하는 것이 익숙하지 않기 때문에 영어 표현을 생각하다 보면 나도 모르게 위를 바라보며 말하는 경우가 있습니다. 이 역시 미리 작성한 답변을 보면서 얘기하는 것처럼 보일 수 있기 때문에 주의해야 합니다.

④ 당신의 말하기/쓰기 답변은 우리의 질문과 관련이 없습니다.

▶ 발생 이유

오프토픽이 심한 경우 답변 책정이 불가하여 학생의 명확한 수준을 파악하기 어려움.

▶ 해결법

• 질문의 물음을 정확히 파악한 후 답변하기

질문에 대한 답변이 아닌 다른 답변이 나온 경우에는 AI가 학생의 실력을 정확히 판단하기 어렵습니다. 따라서 질문의 의도를 정확히 파악하고 그에 대한 명확한 답변을 해야 합니다. 오프토픽은 미인증을 피하기 위해서는 물론, 고득점을 받기 위해서도 조심해야 합니다.

⑤ 시험 도중 다른 프로그램, 응용 프로그램, 또는 창이 열려 있거나 실행 중이었습니다.

▶ 발생 이유

시험 프로그램이 아닌 다른 프로그램이 작동할 경우 부정행위에 쓰일 수 있기에 이를 방지하기 위함.

▶ 해결법

• 시험 시에는 모든 인터넷 브라우저 종료하기

컴퓨터의 작동 능력을 최대한 끌어올리기 위해 모든 인터넷 브라우저를 종료하고, DET 프로그램만 작동하도록 세팅하는 것이 좋습니다.

• 문법 교정 프로그램 삭제

Grammarly 등 문법을 고쳐주는 확장 프로그램이 시험 중 작동하고 있다면 미인증은 물론 계정이 차단됩니다. 따라서 이러한 프로그램은 삭제한 뒤 시험을 보시기 바랍니다.

• 이 외에도 시험 시 문제가 될 프로그램은 모두 삭제하기

Grammarly와 같은 문법 교정 프로그램이 아니더라도 컴퓨터 작동 능력을 저하시키거나 바이러스 위험이 있는 프로그램 등은 모두 제거하는 것이 좋습니다. 최대한 문제가 될 요인들을 제거하여 시험에 임해야만 미연의 사태를 방지할 수 있습니다.

⑥ 말하기 영역에서 거의 말을 하지 않으셨습니다.

▶ 발생 이유

스피킹 답변 분량이 너무 적어 학습자의 실력을 AI가 정확히 판단할 수 없음.

▶ 해결법

• **스피킹 시 최소 30초 이상은 끊지 않고 계속 답변하기**

말하기 답변 시에는 한 문제 당 최소 30초 이상 답변해야만 합니다. 스피킹 답변 분량이 너무 적으면 AI는 응시자의 명확한 실력을 판단할 수 없기 때문입니다. 최소 시간인 30초를 넘겨도 길게 말하지 않으면 고득점에는 불리합니다. 고득점을 받기 위해서는 주어진 시간을 최대한 활용해 유창하게 답변하시기 바랍니다.

3. 계정 차단 대표 사례
TOP 3 및 해결법

계정 차단이란?

"You won't be able to take any tests again, but you can log in to view previous results or to appeal this result."

계정 차단이란 DET 규정을 위반하였거나 부정행위가 명백한 경우 영구적으로 시험에 재응시할 수 없도록 만든 규정입니다.

자신의 인적 사항이 저장되기 때문에 계정이 차단되면 몇 년이 지나도 영구적으로 시험에 재응시할 수 없습니다. 따라서 어떠한 상황에서도 절대로 규정을 위반하거나 부정행위를 하지 않아야 합니다. 일부러 규정을 위반한 사례보다 정확히 규정을 숙지하지 않고 시험을 보아서 차단된 사례가 많기 때문에 1장의 '시험 준비 및 지켜야 할 규칙'을 한 번 더 검토해주시기 바랍니다.

계정 차단 대표 사례 TOP 3 및 해결법

① 시험 중 노트 필기 혹은 전화에 응답한 경우

▶ 발생 이유

DET의 규칙을 정확히 숙지하지 않은 채 응시.

▶ 해결법

• **규칙을 숙지하여 부정행위로 의심될 만한 행동 하지 않기**

DET는 타 시험과는 다르게 감독관 없이 나 홀로 시험을 봅니다. 그런 만큼 시험 중 노트 필기, 휴대폰 사용 등은 절대로 해서는 안 되며, 누군가가 옆에서 답변을 말해주거나 대신 써준 정황이 발견되면 계정이 차단됩니다. 혹여 부정행위로 의심될 만한 요인들이 있다면 모두 제거하여 미연에 방지하시기 바랍니다.

② 두 개 이상의 계정을 만든 경우

▶ 발생 이유

DET는 한 명의 응시자가 단 하나의 ID만 사용하도록 규정하고 있습니다.

▶ 해결법

• **인증된 계정 하나만 남겨두고 모두 제거하기**

최근 많이 발생하는 계정 차단 사례입니다. 동일한 여권 혹은 신분증이 다른 아이디에서 중복 발견된 경우, 모든 계정이 차단됩니다. 이는

1인당 시험 응시 횟수가 기간에 따라 제한되어 있기 때문입니다. 따라서 시험에는 하나의 아이디만 사용해야 하고 혹시 본 계정 외 다른 아이디로 추가 가입했다면 반드시 탈퇴해야 합니다.

③ 스피킹 문제풀이 시간에 타이핑 소리가 난 경우

▶ 발생 이유

스피킹 시간에는 타이핑 소리가 날 이유가 없으므로 부정행위를 하고 있다고 간주. (실제 듀준사 카페 회원 및 MC누리 유튜브 채널 구독자분들 중 3명이 해당 사유로 계정 차단되었던 적이 있습니다.)

▶ 해결법

• 스피킹 시에는 절대로 키보드를 누르지 않도록 주의하기

누군가 옆에서 타이핑으로 답변을 적고, 그것을 보며 말하는 방식으로 부정행위를 한다고 가정할 수 있습니다. 따라서 키보드는 쓰기 유형 문제를 풀이할 때만 쓸 수 있도록 주의해야 합니다.

• 어필레터 보내기

계정이 차단된 경우 어필레터를 꼭 보내는 것이 좋습니다. DET 측의 오해가 있었다면 최대한 빨리 계정 차단을 해지해야 하기 때문입니다. 위에서 언급된 3명의 계정 차단 사례를 전해 듣고 어필레터 보내는 것을 도와 2명의 계정을 복구한 적이 있습니다. 따라서 계정이 차단되었다 하여 시험을 그대로 포기하지 말고 꼭 어필레터를 보내시기 바랍니다.

4. 이의 제기 메일
정중하게 보내는 법

"제 시험 결과가 미인증 처리되어서, 혹은 계정 차단 통보를 받아서 항의하고 싶은데 어떻게 하면 이의 제기 메일을 조금 더 정중하게 잘 보낼 수 있을까요?"

이의 제기 및 어필레터에 관한 모든 정보를 알려드리겠습니다. 언제든 메일을 보내야 하는 경우가 생길 수 있기 때문에 꼭 따로 메모해두는 것이 좋습니다.

- **어필레터 기본 정보**
  - DET Support Team 이메일 주소: testcenter-support@duolingo.com
  - 메일 작성 언어: English Only

어필레터 본문 양식
어필레터에 정해진 형식은 없지만 작성이 어렵다면 다음의 이의 제기 이메일 템플릿을 활용하여 작성해보세요.

〈이의 제기 이메일 템플릿〉

Dear TEST Support Team,
Hi, good morning/afternoon/evening, my name is (여권 영문 이름).

The reason I am sending this email is to request that you solve the error preventing my test result from being certified.

세부 전달 사항 작성(최대한 자세하게 작성해야 더 명확한 피드백을 받을 수 있음).

I look forward to hearing from you soon.
Thank you.

Sincerely,
(여권 영문 이름)

내가 미인증을 받을 확률은?

지금까지 1,000명 이상 학생들의 DET 시험 후기를 분석해보았으나 미인증이 자주 발생하지는 않았습니다. 단지 미인증을 받은 분들이 이와 관련하여 글을 쓰고, 댓글을 남기기 때문에 그런 사례가 많은 것처럼 느껴지는 것입니다. 또한, 미인증을 한 번 받은 응시자가 이후에도 제대로 조치를 취하지 않아 다음 테스트에도 똑같이 미인증된 경우가 많습니다.

따라서 미인증에 대해 시험 전부터 너무 걱정하지는 말되, 위의 방법들을 활용해 미리 방지한 다음 시험을 보시기 바랍니다.

7장

시험 보기 전 꼭 읽고 가자,
누리쌤의 최종 정리 노트

1. DET를 준비하는 우리의
자세 10가지

'듀오링고 테스트'라는 말을 들으면 어떤 이미지, 키워드가 떠오르시나요?

#코로나 대비 시험

#타 시험보다 수월한 시험

#새로운 공인 영어시험

#가격 부담 없는 시험

#새롭게 출시된 시험

이처럼 다양한 키워드가 떠오르실 거예요.

실제로 우리가 생각하는 이미지와 일치하는 부분도 있지만 DET에 대한 오해도 많은 것 같아요. 학생들은 DET를 준비하는 데 필요한 정보가 부족하다 말합니다. 하지만 시험이 만들어진 이후로 응시자가 늘어나고 AI에 대한 분석도 활성화되며, 이제는 시험에 대한 정보가 충분해졌다고 단언합니다.

이를 바탕으로 DET를 준비하는 여러분들이 마음속에 새겨두면 좋을 10가지 자세를 생각해보았어요. 시험 준비에 대한 많은 TIP도 담겨 있으니 꼭 기억해두시기를 바라겠습니다.

DET를 준비하는 우리의 자세

1. 수월하지만 결코 만만한 시험은 아니에요.

깜찍한 초록색 부엉이 로고와 예쁜 주황색에 속으면 안 됩니다!

우리가 이미 잘 알고 있는 것처럼 DET는 영어로 수업을 듣고, 읽고, 말하고, 쓰는 능력이 있는지 평가하는 공인 영어시험입니다. 타 시험보다 점수 얻기가 수월한 것은 사실이지만 시험 난이도를 쉽게 생각한다면 큰 코 다칠 수 있습니다.

그렇다고 너무 걱정할 필요는 없습니다. 지금까지 이 책에 소개된 모든 정보를 습득하여 내 것으로 만든다면 충분히 목표 점수를 달성할 수 있을 것입니다. 쉬워 보인다고 문제 유형도 제대로 알지 못한 채 시험을 보거나, 무작정 많이 시험을 치기만 한다면 고득점에는 한계가 있기 마련입니다.

결코 쉽지만은 않은 시험이지만 제대로 한번 공부해봅시다! 준비한 만큼 자신감이 쌓이고 실력이 되며, 그 결과는 점수로 증명될 거예요.

2. 제대로 준비하지 않으면 오히려 점수가 떨어질 수도 있어요.

같은 점수만 여섯 번을 받은 한 수강생이 있었습니다. 그때까지만 해도

30일 이내에 최대 두 번 시험을 칠 수 있었기 때문에, 여섯 번 같은 점수를 받았다는 것은 곧 3개월 동안 점수가 제자리였다는 것을 의미합니다. 그 학생에게 3개월간 어떻게 공부했는지, 어떻게 극복하려고 했는지 물었습니다. 학생은 계속 문제풀이에만 집중했다고 얘기하더라고요. 같은 점수가 반복되면 학습법을 바꾸어야 합니다. 이제는 문제풀이 말고 영어 실력을 향상시키는 공부도 병행할 것을 수강생에게 제안했습니다.

놀랍게도 첫 시험보다 두 번째, 세 번째 시험에서 점수가 더 안 나오는 학생들이 많습니다. 예를 들어 첫 시험에는 100점을 받았는데 두 번째 시험에는 95점, 세 번째 시험에는 90점을 받는 것입니다. 혹시 또 시험을 쳤다가 더 점수가 낮아지지는 않을까 하는 걱정에 저에게 문의를 했는데, 이 학생은 DET를 대비해 공부하는 시간이 많지 않더라고요. '몇 번 더 시험을 보면 점수가 오르겠지.'라고 막연히 생각했던 것입니다. 의외로 이렇게 생각하고 별다른 준비 없이 반복해서 시험을 치는 학생들을 꽤 많이 보았습니다.

DET의 AI는 나날이 발전하며 학생의 실력을 더욱 정확하게 분석합니다. 또한, 자신의 첫 점수가 실력에 비해 높게 나왔을 수도 있고, 어려운 문제에 직면했을 때 집중력이 떨어지면서 자신의 실력을 발휘하지 못했을 수도 있습니다.

DET 역시 다른 시험처럼 자신만의 전략을 가지고 체계적인 학습 계획을 수립하는 것이 중요합니다. 막연히 점수가 오를 것으로 생각한다면 오히려 기대에 못 미치는 점수에 자신감만 잃게 될 수 있습니다. 하지만 반대로 자신의 부족한 부분을 보완하고 강점을 극대화하는 방향으로 준비한다면, 단기간에도 충분히 고득점 달성이 가능합니다.

3. 시험 문제 유형과 속도감에는 꼭 익숙해져야 해요.

어떠한 영어시험을 보더라도 문제 유형과 유형별 특징에 대해서는 꼭 알고 시험에 임해야 합니다. 아무리 영어를 잘하는 사람이라 할지라도 시험의 특징을 모른다면 고득점에는 한계가 있습니다.

DET는 단시간 내에 많은 문제를 풀어야 하는 시험입니다. 즉, 응시자는 DET 시험의 특징인 '속도감'에 반드시 익숙해져야만 합니다. 속도감에 익숙해지지 않고 시험에 임한다면 뒤로 갈수록 집중력이 저하되어 100% 컨디션을 발휘하기가 어렵게 됩니다.

지금부터 문제 유형별로 나만의 전략을 만들어보세요! 예를 들어, 아래와 같이 유형별 접근 방식을 생각해볼 수 있습니다.

빈칸 채우기 문제가 나오면?

→ 첫 문장, 끝 문장을 먼저 해석하고 중간의 빈칸 단어를 추론해 채워야겠다.

듣고 쓰기 문제가 나오면?

→ 첫 번째 듣기 음성은 바로 나온다. 들은 걸 최대한 받아쓴 뒤 20초 이내에 한 번 더 음성을 듣고 나머지를 받아써야지.

사진 묘사(쓰기) 문제가 나오면?

→ 암기한 템플릿을 빠르게 쓰고 사진 특징을 덧붙여서 최대한 세 문장을 써봐야지.

이와 같이 주어진 제한시간을 최대한 활용하여 고득점을 받기 위해 답변해야 합니다. 매 문제를 풀 때마다 '이번 문제에서도 꼭 고득점 받아야지!'라는 생각으로 임해야 실제로도 높은 점수를 받을 수 있다는 점, 꼭 기억해 두세요!

4. 어휘 실력은 항상 도움이 돼요.

모든 언어에서 어휘력은 실력을 향상시키는 데에 무한한 가능성을 제공합니다. DET를 준비할 때에도 어휘력은 매우 큰 도움을 주곤 하는데요. 13가지의 문제 유형 중 단 하나도 단어의 영향을 받지 않는 유형이 없습니다.

단어를 잘 모른다면?

- 진짜 영단어 찾기 유형에서 옳은 단어를 맞히기가 어렵고,
- 빈칸 채우기 유형에서 스펠링을 틀릴 수 있고,
- 한 문장 읽고 따라 말하기 유형에서 정확한 발음을 구사하기 힘들고,
- 50단어 쓰기 유형에서 질문을 정확히 이해할 수 없게 됩니다.

2장의 'DET 점수대별 특징 이해하기'에서 소개한 공부법과 같이, Oxford 3,000단어 혹은 Oxford 5,000단어를 매일 공부하는 것이 좋습니다. 모르는 영단어만 형광펜으로 표시하여 Quizlet 앱에 기입 후 암기하면 됩니다. 여기서 잠깐, 단어의 뜻을 안다고 해서 절대 아는 단어라 말할 수 있는 것은 아닙니다. 실제로 스피킹&라이팅 유형 답변에 활용할 수 있어야만 그 단어를 비로소 암기한 것이라 생각합니다.

여러분들이 알고 있다고 생각한 단어가 정말 아는 단어가 맞을까요?

이번 기회를 통해 한 번 더 자신의 어휘력을 점검하는 시간을 가져보면 좋을 것 같습니다. 영어 단어 암기는 언제나 다다익선이니까요.

5. 매일 최소 60분은 연습문제를 풀고, 남은 시간은 실력 향상을 위한 공부에 몰두하세요.

DET는 장소와 시간의 제약이 없습니다. 그만큼 자유롭기도 하지만 나태해지기도 쉽습니다. 시험 시간이 짧아서, 집에서 볼 수 있어서, 정해진 시간에 응시하지 않아도 돼서, 특정 장소에 가지 않아도 돼서 편리하지만, 왠지 타 시험 보다 긴장감이 덜해서 그만큼 편하게 준비하게 됩니다.

지금까지 약 1,000명 이상의 수강생 분들을 1:1로 컨설팅하면서 알게 된 점이 있습니다. 대부분 학업이나 직장, 또는 육아를 병행해야 한다는 것입니다. 즉, 시험공부에만 집중하기에는 대부분 환경상 어려움이 있었습니다. 그럼에도 매일 1시간은 실제 시험처럼 긴장감을 유지하면서 연습문제를 풀어보는 것이 좋습니다.

연습문제는 1회당 약 15분이기 때문에 4회를 연달아 풀이한다면 실제 시험처럼 1시간 동안 집중할 수 있게 됩니다. 이를 바탕으로 공부 시간을 시험 치를 시간대에 맞추는 것이 좋습니다. 예를 들어, 오후 5시부터 6시까지 시험을 볼 계획이라면 평소에도 해당 시간에 웹사이트의 연습문제를 풀어보는 것입니다. 새벽 시간에 시험을 볼 예정이라면 마찬가지로 새벽 시간에 문제를 풀이하여 감을 익히는 것이 좋습니다.

이 외 공부 가능한 시간에는 앞에서 언급한 Breaking News 정독, TED-ED 듣고 쓰기, 템플릿 학습 등을 하시기 바랍니다. 여기까지 책을 읽은 독자분들이라면 실력 향상을 위한 공부가 병행되어야만 고득점 달성을 할 수 있다는 것을 잘 이해하셨을 것입니다.

6. 준비 기간을 너무 길게 잡지는 마세요.

DET는 짧고 굵게 준비하는 것이 좋습니다. 준비 기간을 너무 길게 잡으면 체력적으로 지치는 것은 물론, 정신적으로도 많은 스트레스를 받고 불안하게 됩니다. 또한 기간에 여유가 있는 만큼 공부를 느슨하게 할 수도 있다는 점을 꼭 명심해야 합니다.

목표달성 기간을 단축시키는 방법은 매우 간단합니다. 공부하는 시간을 늘리면 됩니다. 매일 공부하는 학습량이 늘수록 실력은 빨리 향상되고, 그것이 점수에도 긍정적인 영향을 끼치게 됩니다. 반대로 하루에 공부하는 시간이 부족하다면 실력 향상은 더디고 점수 향상에는 한계가 있기 마련입니다.

DET는 단 세 번의 시험으로 끝내시기 바랍니다. 목표 점수와 현재 점수가 30점 이상 차이 난다면 세 번 시험을 보는 동안 점수가 지속적으로 향상되었는지를 파악해야 합니다. 만약 점수가 정체되어 있거나 오히려 떨어졌다면 자신이 시험을 올바르게 준비했는지 한 번 더 점검해보는 것이 좋습니다.

7. 복잡할 땐 그냥 시험을 한번 보세요.

우리는 어떤 공부를 하든지 참 고민이 많습니다. 어떤 것부터 시작하면 좋을지, 나의 공부법이 맞는 건지, 어떻게 답변해야 점수가 향상될지, 나는 언어적 재능이 없는 건 아닌지까지 아주 복잡한 생각이 듭니다.

아직 원하는 점수에 도달하지 못했기 때문에 부담감을 느끼는 것은 굉장히 당연하고 자연스러운 일인 것 같아요. 하지만 현재 자신의 상황을 객관적으로 판단하기 위해 일단 부딪혀보는 것도 추후 학습 방향을 계획하는 데 꽤 괜찮은 방법입니다.

시험 점수가 낮게 나올까 봐, 나의 실력이 그대로 드러날까 봐 시험을 망설이는 것은 충분히 이해합니다. 하지만 한번 용기 내서 시험을 보면 정말 많은 것들을 얻을 수 있습니다. 시험 평균 성적과 영역별 점수를 가지고 어떤 것부터 공부해야 하는지, 나에게 어떤 강점과 취약점이 있는지를 분명히 판단할 수 있게 됩니다.

너무 막막하다면 시험을 보시고 저에게 메일 혹은 카카오톡 채널로 상담을 요청하셔도 좋습니다. 함께 고민하며 목표를 달성할 수 있도록 최대한 도와드릴게요. 여러분도 충분히 목표 점수를 달성할 수 있습니다.

8. 리스닝 실력이 이 시험의 가장 큰 복병이에요.

리스닝 문제 유형이 내 목표 점수 달성에 가장 큰 걸림돌이 될 수 있다면 믿으시겠나요? 반대로, 리스닝 유형 덕분에 목표 점수 달성이 매우 수월해질 수 있다는 것을 예상해보셨나요? DET는 듣기 실력을 평가하는 문제 유형이 많고, 이 유형은 시험 점수에도 큰 영향을 끼칩니다.

- 진짜 영단어 찾기 리스닝(평균 4~6문제 출제)

- 듣고 쓰기(평균 4~6문제 출제)

- 질문 듣고 말하기(2문제 출제)

리스닝 유형 3가지가 모두 2문제 이상 출제되어 다른 유형들보다 더 많이 나옵니다. 사실, 유학 중 수업이나 외국인과의 업무 회의 등은 항상 영어로 진행되기에 듣기 실력은 매우 중요하지요. 듣기 실력이 모자라면 교수님의 질문을 정확히 이해하지 못하고 엉뚱한 답변을 할지도 모릅니다. '질문 듣고 말하기' 유형에서 질문을 제대로 이해하지 못하면 엉뚱한 대답을 하게 되는 것처럼 말입니다.

이렇듯 리스닝이 되지 않으면 어떠한 답변도 할 수 없습니다. 그렇기에 리스닝은 한 번이 아닌 여러 번에 걸쳐 평가되며, 리스닝 실력이 낮으면 총점도 낮아질 수밖에 없습니다.

리스닝 실력 향상을 위해 매일 1~2시간씩은 꼭 소개해드린 TED-ED 사이트에서 학습하시기 바랍니다. 혹은 'TEDICT'라는 휴대폰 애플리케이션을 다운로드해 학습하는 것도 좋습니다. 처음에는 시간이 많이 소요되지만, 꾸준히 학습한다면 어느 순간 문장이 잘 들리고, 귀가 뚫리는 경험을 하게 될 것입니다.

정리하자면, 리스닝 실력만 향상된다면 그만큼 수월하게 Overall 점수를 높일 수 있습니다. 이 점을 꼭 잊지 말고 학습에 임해주시기 바랍니다. 하루하루 똑똑하게 준비한 만큼 목표달성 기간은 훨씬 단축될 것입니다.

9. 지칠 때마다 틈틈이 시험 후기를 보세요.

지친 오늘 하루, 공부해야 하지만 마음이 잘 잡히지 않는다면 다른 분들의 시험 후기를 읽어보시는 건 어떨까요? '나와 똑같은 어려움을 가지고 있었는데 이분은 이렇게 공부해서 목표를 달성했구나', '나보다 더 어려운 상황 속에서도 결국 해내셨구나', '나도 꼭 목표를 달성해서 이렇게 후기 남기고 싶다' 등 생각보다 더 많은 정보와 용기를 얻을 수 있을 거예요. 실제로 자투리 시간에 후기를 읽고 난 뒤 30분씩, 1시간씩 더 공부하고 잠자리에 들었던 수강생도 있었어요.

DET가 출시된 지 오래되지는 않았지만 생각보다 많은 후기와 목표달성 사례가 있습니다. DET 시험 후기는 듀준사 네이버 카페에서 무료로 보실 수 있으니 꼭 용기 얻고 힘내시기를 바라겠습니다.

다음 목표달성 후기의 주인공은 바로 여러분이 되기를 응원합니다.

10. DET 준비는 시작이지 끝이 아니에요.

유학을 위해 DET를 준비하는 분들이 아주 많은 것으로 알아요. 특히 그 분들께 드리고 싶은 말씀이 있습니다. 듀오링고 시험을 준비하면서 너무 많은 시행착오를 겪으셨나요? '더 빨리, 더 효율적으로 준비했다면 금방 점 수를 받고 끝낼 수 있었을 텐데', 'DET를 더 빨리 알았더라면 좋았을 텐데', '엉뚱한 정보에 너무 시간을 많이 뺏겼네, 다음 학기 지원이 얼마 안 남았는 데'라고 생각하셨을 수도 있어요.

우리는 언제나 지나간 날들을 후회하는 것 같아요. 하지만 DET를 준비 할 때는 그러지 않으셨으면 좋겠습니다.

사실, 지금 겪는 모든 시행착오는 유학 시에 정말 큰 도움을 줄 거예요. DET 점수를 빨리 받으면 그만큼 입학을 더 빨리 할 수 있을지도 몰라요. 일찍 출국하여 대학 수업에 들어가면 기쁘기도 하겠죠. 하지만 혹시 주위 에 나보다 더 빨리 입학한 친구가 있더라도 너무 부러워할 필요는 없어요. 단언컨대, 유학은 입학보다 졸업을 빨리하는 것이 중요하기 때문입니다.

저는 더 많은 학생 분들이 단기간에 효율적으로 DET에서 원하는 점수 를 받으시기를 바라는 마음 하나만으로 이렇게 책을 쓰고 강의하고 있어요. 하지만 저의 최종 목표는 수강생분들이 DET 점수를 통해 해외 대학에 입학하고 성공적으로 유학을 마치는 것입니다.

설령 다른 친구들보다 뒤처져 있다고 너무 조급해하지 마시기를 바라요. 우리는 결국 유학 간 뒤의 날들을 위해 DET를 공부하는 것입니다.

꼭 기억하세요! '유학은 입학보다 졸업이 더 중요하다'는 사실 말이에요.

2. 응시자 50%는 오프토픽으로 답한다

'오프토픽'이란?

혹시 자신의 답변이 오프토픽 될 수 있을 거라는 생각, 해본 적 있으신가요?

오프토픽은 질문과 무관한 답변을 한 경우, 혹은 질문에 대한 답변이 너무 돌아서 나온 경우를 의미합니다.

타 시험도 오프토픽이 될 경우 큰 감점을 받게 되지만, DET는 그 감점의 비중이 더욱 클 수 있습니다. 그 이유는 비교적 시험 시간이 짧기 때문입니다.

IELTS vs TOEFL vs DET 라이팅 시간

IELTS	TOEFL	DET
		사진 묘사[쓰기] 1분 X 3
TASK 1 20분 + TASK 2 40분	통합형 25분 + 독립형 30분	50 단어 쓰기 5분 + 쓰기 인터뷰 5분
총 60분	총 55분	'단 13분'

결국, 제한시간이 매우 적은 만큼 필요한 답변만 해야 고득점을 받을 수 있다.

따라서 10분 이내에 자신의 라이팅 실력을 모두 보여주기만 한다면 고득점을 받기에 매우 유리합니다. 단, 이것은 자신의 실력을 그만큼 짧은 시간 안에 보여줘야 한다는 의미이기도 합니다. 따라서 절대 불필요한 문장을 답변해서는 안 되며, 최대한 핵심만 답변하여 자신의 사고력과 논리성을 보여주어야 합니다.

즉, DET는 제한시간이 매우 짧은 만큼 필요한 답변만을 해야 고득점을 받을 수 있습니다.

그렇다면 자신의 답변이 오프토픽 되었는지, 안 되었는지를 어떻게 점검할 수 있을까요?

또한, 어떻게 하면 오프토픽 되지 않게 정확히 말하고 쓸 수 있을까요?

오프토픽 자가 진단

아래 질문에 단 3문장으로 답변해보세요.

> Q. More and more people are spending a lot of money on their clothes. Why do people want to buy expensive clothes?
> 갈수록 사람들은 옷에 더 많은 비용을 소비합니다. 왜 사람들은 비싼 옷을 구매하려 합니까?
>
>
> A.

답변해보셨나요?

먼저, 자주 작성하는 잘못된 답변의 예시를 확인해보겠습니다.

잘못된 답변 예시

> Nowadays, people tend to buy expensive clothes. I strongly agree with this point of view. This is because more and more people are spending extravagantly.

> 요즘 사람들은 비싼 옷을 구매하려는 경향이 있다. 나는 이 주제에 대해 강하게 동의한다. 사치 부리는 사람들이 점차 늘고 있기 때문이다.

이 답변은 잘못된 답변일까요?

그렇습니다. 위 예시는 '오프토픽' 된 답변입니다.

앞의 질문을 다시 살펴보면, 질문이 만든 전제(사실)는 '갈수록 사람들은 옷에 더 많은 비용을 소비한다.'는 것입니다. 이는 질문이 이미 우리에게 알려준 사실일 뿐이기에, 답변에 따로 언급하지 않아도 됩니다. 한편 이 질문의 핵심요소(출제의도)는 '왜 사람들은 비싼 옷을 구매하려 하는가?'로, 우리는 이 질문에 대한 대답을 하면 됩니다. 이와 같이 물음표로 끝나는 질문 문장이 대개 우리가 답변해야 하는 핵심 질문입니다. 다시 한번 정리해보겠습니다.

사람들이 옷에 많은 비용을 소비한다 → 답변에 다시 언급할 필요 없음.
사람들이 비싼 옷을 구매하는 이유 → 주장과 예시를 들어 우리가 답변해야 하는 질문.

이와 같은 방식으로 작성된 모범 답안을 확인해보겠습니다.

오프토픽 되지 않은 모범 답안

먼저, 위의 질문을 한국어로 바꿔서 이해하고 답변해봅시다. 오프토픽 되지 않게 한국어로 정확한 답변을 써보고, 영어로 바꾸는 연습도 효과적입니다.

〈모범 답안 한글〉

요즘 사치스러운 사람들이 많아졌습니다. (입장 표명)

→ '왜 사람들은 비싼 옷을 구매하려 합니까?'라는 질문에, '사치스러운 사람들이 많아져서 비싼 옷을 구매한다.'며 자신의 입장을 표명한 것입니다.

이것은 SNS 발달이 야기한 문제점입니다. (주장)

→ SNS 발달이 사치스러운 사람을 늘리는 결과를 낳았고, 그것으로 인해 비싼 옷을 많이 구매한다는 주장입니다.

예를 들어, SNS 사용자들 중 다수는 무리해서라도 명품을 사서 자랑하고 싶어 합니다. (예시)

→ SNS 발달로 다른 사람들에게 자랑하려는 심리 때문에 사치스러운 사람들이 많아졌다는 의미입니다.

종합해보면 '우리는 SNS를 할 때 다른 사람들에게 더 잘 보이고 싶어서, 더 잘살고 있다는 것을 보여주기 위해 사치를 부리는 경우가 많은데, 이러한 사람들이 증가하기 때문에 비싼 옷을 구매하는 사람들 역시 많아졌다.'는 답변입니다. 위의 모범 답안은 이를 '입장 표명 – 주장 – 예시'의 흐름대로 답변한 것으로 이해할 수 있습니다.

꼭 기억하세요. 질문의 함정인 전제(사실)가 아니라 질문의 핵심을 찾아 그것에 대한 답변을 해야 합니다.

〈모범 답안 영문〉

I strongly believe that the reason why people are purchasing expensive clothes these days is that the number of extravagant people has increased. To begin with, the development of SNS gradually causes social problems like these. To give an example, younger people buy expensive luxury clothing even if they cannot afford to and post it on Instagram or Facebook.

사실, 질문을 받고 바로 영어로 답변할 때에는 이렇게 논리적으로 얘기하기가 쉽지 않습니다. 그러나 이와 같이 한국어로 먼저 답변을 정확히 작성한 후 영작하는 연습을 하다 보면 오프토픽 가능성이 줄어듭니다. 또한,

하고 싶은 말을 영어로도 보다 더 잘할 수 있게 됩니다. 꼭 이러한 방식으로 답변 연습을 해보시기 바랍니다.

나의 답변이 오프토픽 되는 이유

① 질문과 완전히 다른 답변을 해서

가장 빈번히 일어나는 오프토픽 사례입니다. 보통 질문을 정확히 이해하지 못하고 감으로 해석하여 답변할 경우 이러한 오류가 발생합니다. 혹은 질문에 대해 답변하는 게 아니라 통째로 외운 스토리와 답변을 이야기하는 경우도 오프토픽의 원인이 될 수 있습니다. DET는 절대 미리 외운 뒤 답변을 해서는 안 됩니다. 질문을 이해하지 못했다면 사실대로 얘기하고, 이해한 키워드를 가지고 제한시간 끝까지 답변하는 것이 가장 효과적입니다. 높은 점수를 받지 못할 수도 있지만, 어느 정도의 점수는 지킬 수 있는 방안이 될 것입니다.

② 질문의 답변이 너무 돌아 나와서

한국식 표현 방식과 서양식 표현 방식의 차이에서 빚어지는 오류입니다. 대부분의 학생들은 돌려 말하는 것이 오프토픽의 원인이 된다고 인지하지 못합니다. '질문에 대한 답변은 무엇이다.'라고 처음부터 명확히 제시해야 AI가 바로 이해할 수 있습니다.

보통 TOEFL이나 IELTS를 공부한 학생이 이렇게 대답하는 경우가 많습니다. 이 두 시험은 스피킹&라이팅 답변 시간이 매우 길고, 최소 답변 분량도 많기 때문입니다. 이렇게 형성된 습관으로 인한 오프토픽 사례가 정말 많았습니다. 따라서 DET를 준비한다면 질문에 돌려 말하지 않고, 바로 답변할 수 있어야 합니다.

③ 질문의 핵심 요소를 잘못 파악해서

앞에서 언급한 것처럼, 질문과 다른 답변이 나온다면 AI는 정확히 채점을 하지 못합니다. 그들이 가지고 있는 빅데이터와 너무 다른 답변이 나오면 오프토픽으로 처리됩니다. 질문의 의도를 이해하고 그에 대해 답변해야 합니다. 핵심 물음이 무엇인지를 명확히 판단하는 연습을 하는 것이 좋습니다.

오프토픽 되지 않도록 점검하는 3가지 체크리스트

원인 1: 질문과 완전히 다른 답변을 했을 때
- ☑ 질문을 정확히 이해한 것이 맞는가?
- ☑ 다수의 얘기를 물었는데 자신의 사례로 답변하지 않았는가?

원인 2: 질문의 답변이 너무 돌아서 나왔을 때
- ☑ 불필요한 문장, 생략 가능한 문장을 많이 구사하지는 않았는가?
- ☑ 미괄식으로 답변하지 않았는가? (핵심 내용이 처음에 나오는 두괄식으로 답변해야 한다.)

원인 3: 질문의 핵심 요소를 잘못 파악했을 때
- ☑ 질문이 정해놓은 전제와 사실의 함정에 빠지지 않았는가?
- ☑ 질문은 육하원칙 중 정확히 무엇을 묻고 있는가? (왜? 혹은 어떻게?)

실제 스피킹, 라이팅 연습을 하면서 자신의 답변이 오프토픽 되지 않았는지 위의 체크리스트를 통해 항상 점검해보시기 바랍니다.

3. 시험 직전 다시 한번
숙지해야 할 사항 8가지

1. 최대한 조용한 곳에서 조용한 시간에 시험을 본다.

실제 DET 시험을 보면 생각보다 빠른 속도로 오랜 시간 진행됩니다. 이를 위해 60분 동안 집중할 수 있는 환경을 갖추어야 합니다. 최대한 주변 소음이 없도록 만드는 것은 물론, 인터넷 연결 상태를 확인하는 등 최상의 조건을 유지해야 합니다. 이를 보다 쉽게 갖출 수 있는 방법은 새벽 시간을 활용하는 것입니다. 다른 시간보다 비교적 조용하고, 문제가 생길 확률이 적은 시간대이기 때문입니다. 나아가, 시험 일주일 전부터는 시험을 볼 시간대에 공부하는 패턴을 구축하는 것도 좋은 방법입니다. 목표달성을 위해, 컨디션을 100% 발휘할 수 있도록 미리 환경을 조성해두시기를 바라겠습니다.

2. 시험 규칙을 한 번 더 확인하고 점검한다.

시험 규정을 몰라서 불이익을 당하는 일은 절대 없어야 합니다.

〈책에 소개된 꼭 알아야 할 시험 규칙 바로 가기〉
- 1장. 3. 시험 준비 및 지켜야 할 규칙(27쪽)
- 6장. 2. 자주 발생하는 미인증 사례 TOP 6 및 해결법(199쪽)
- 6장. 3. 계정 차단 대표 사례 TOP 3 및 해결법(206쪽)

발생할 수 있는 문제를 위 내용만 검토해도 대부분 예방할 수 있고, 미인증 및 계정 차단 확률을 현저히 줄일 수 있습니다.

3. 시험 보기 직전 모의시험을 최소 3회 이상 풀어본다.

시험 규정이 안내되는 5분을 제외하면, DET 실제 문제풀이 시간은 1시간이 채 되지 않습니다. 듀오링고 웹사이트의 모의시험 1세트는 약 15분이기 때문에 이를 연달아 풀게 되면 실제 시험과 가장 비슷하게 연습할 수 있습니다. 또한, 문제풀이의 감을 익히고 집중력을 미리 끌어올릴 수 있기에 시험 직전에 최소 서너 번 이상 모의시험 문제들을 풀어보고 시험에 응시하시기 바랍니다.

4. 리딩 답변은 제출 전 문맥이 매끄러운지 검토해야 한다.

DET 리딩은 '빈칸 채우기' 유형과 '리딩 섹션'으로 나뉩니다. 이 유형들은 풀이 과정에서 문단의 빈칸에 단어 혹은 문장을 채워 넣어야 합니다. 즉, 독해 능력과 추론 능력을 평가하는 유형입니다.

본문을 추론하여 빈칸을 정확히 채웠다면 단어와 문장이 모두 유기적으로 연결되고 매끄럽게 해석되는지 점검해야 합니다. 1개의 단어, 스펠링도 틀린 부분 없이 답변해야 고득점에 유리합니다. 따라서 리딩 답변은 제출

전 반드시 문맥이 자연스러운지 검토하시기 바랍니다.

5. 리스닝 문제는 언제 나올지 모르니 항시 준비해야 한다.

DET 리스닝은 '듣고 쓰기' 유형과 '질문 듣고 말하기' 유형으로 나뉩니다. 이 유형들은 랜덤으로 출제되기 때문에 언제 갑자기 음성이 나올지 모릅니다. 따라서 언제든 리스닝 문제가 출제될 수 있다는 생각으로 항상 대비해야 합니다. 지금 풀고 있는 문제의 NEXT 버튼을 누르기 전, 혹은 제한 시간이 끝날 때쯤 언제든 리스닝 물음이 나올 수 있다 생각하며 항상 집중력을 유지하는 것이 좋습니다.

6. 스피킹은 컴퓨터가 정확히 알아들을 수 있도록 해야 한다.

DET 스피킹은 '한 문장 읽고 따라 말하기', '사진 묘사(말하기)', '질문 보고 말하기', '질문 듣고 말하기' 유형으로 나뉩니다. 4장의 'DET가 공식 발표한 채점 방식 완전 분석'에서 소개했듯이, 스피킹 채점 방식은 7가지 기준이 있지만 선행되어야 할 질문이 있습니다. 바로 '내가 말한 답변을 AI가 정확히 알아들을 수 있는가?'입니다. AI가 답변을 정확히 이해할 수 있어야 고급 어휘&문법 사용 여부 등을 분명히 판단할 수 있기 때문입니다.

따라서 고급스러운 단어 표현을 쓰는 것보다 우선 컴퓨터가 정확히 자신의 답변을 이해할 수 있도록 큰 소리로 또박또박 발음해야 한다는 것을 기억해야 합니다. 내가 답한 모든 단어를 하나도 빠짐없이 정확히 이해할 수 있게 말하기만 해도 점수를 향상시킬 수 있습니다.

7. 타이핑의 정확성을 높여야 한다.

영문 타이핑 속도가 느려 고민인 학생이 정말 많습니다. 타이핑 속도가 빠르면 좋겠지만 항상 그런 것은 아닙니다. 급한 마음에 더 많은 오타를 낼 수 있기 때문입니다. 오타를 최대한 줄이고 정확하게 타이핑해야 시간을 줄일 수 있다는 걸 기억해야 합니다.

오타를 작성하면 불필요한 시간이 얼마나 소비될까요?

오타 인식 → 오타 삭제 → 오타 정정 → 재확인

따라서 타이핑 속도보다 중요한 것은 답변을 정확하게 입력하는 것입니다.

8. 자신의 공부량을 믿고 자신감 있게 시험 보시길 바랍니다.

'이번에 점수 꼭 따야 돼!', '어려운 문제가 나오면 어떡하지?', '이제 물러설 곳이 없다', '이번 시험에 점수 안 나오면 정말 큰일이다'.

시험 전에는 온갖 안 좋은 생각이 다 떠오르지요. 충분히 이해하지만 사실 이러한 생각들은 성적에 좋은 영향을 주지 않습니다. 자신의 심리 상태가 시험 시에 큰 영향을 주기 때문입니다.

이러한 걱정과 불안은 잠시 접어두고, 아래와 같이 생각해보는 건 어떨까요?

공부한 만큼 실력이 쌓이고, 그 실력은 자신감이 되어,
더 좋은 답변을 이끈다.
단지 내 공부량을 믿고 시험에 임한다.

이미 여러분은 열심히 시험 준비를 해왔으리라 믿습니다. 60분간의 시험 동안, 자신의 모든 영어 실력을 쏟아낸다는 마음으로 시험 잘 보시기를 바라겠습니다.

이 책을 여기까지 읽으신 분이시라면 충분히 목표 점수를 달성할 수 있을 거라 믿고 응원합니다.

8장

자주 묻는 질문
TOP 10

1. 단기간 100점이 목표라면 어디를 집중해서 공부해야 할까요?

너무 좋은 질문입니다! 2장에서 말한 'DET 85~95점 학습자가 자주 틀리는 6가지 오류'만 줄여도 충분히 100점을 받을 수 있습니다. 반대로 자신의 답변에 해당 오류가 많다면 100점을 넘기기 어려우며, 같은 점수에 머무를 가능성이 높습니다. 너무 쉬운 사항들이라 절대 틀리지 않을 것 같지만 답변 첨삭 시 가장 많이 발견되는 오류이기도 합니다. 꼭 자신의 답변을 점검하여 해당 6가지 오류들을 피해주세요! 고치기 어려운 부분이 아니기 때문에 2장에 소개된 내용을 항상 메모하여 자신의 답변을 수정 및 보완해 보시기 바랍니다.

2. 스피킹이 얼마나 유창해야 고득점을 받을 수 있을까요?

우리에게 정말 필요한 질문이죠! 1:1 컨설팅을 받는 분들께 항상 말씀드리는 법칙이 있습니다. '스피킹을 3초 이상 멈추지 말라'는 것입니다. 3초는 생각보다 긴 시간입니다. 3초가 넘어갔는데도 답변을 계속하지 못하고 가만히 있었다면 명백한 유창성 부족입니다. AI는 3초가 넘어갈 때마다 감점을 누적할 가능성이 높습니다. 반대로 3초를 넘기지 않고 계속 스피킹한다면 그것은 실력입니다. 3초를 넘기지 않고 계속 얘기해보세요! 성적표에서 이전보다 더 높은 Conversation, Production 점수를 받게 될 것입니다.

3. 답변 시간이 부족해서 대소문자를 구분하지 않고 썼는데 감점될까요?

아쉽게도 매우 큰 감점 요인이 될 거예요. 왜 그럴까요? 시험을 이해하는 것이 중요해요. 우리는 대부분 유학을 위해 DET를 준비하고 있습니다. 나중에 유학을 가게 되면 한 달에 두세 번씩은 긴 에세이를 써야 하고, 매주 짧은 에세이와 과제를 작성하여 제출해야 합니다. 그런데 만약 아직 대소문자도 잘 구분하지 못한다면 이 학생이 유학에 잘 적응할 수 있을까요? 이처럼 대학 생활에 어려움을 겪을 것 같은 학생을 미리 분류하기 위해 진행하는 것이 공인 영어시험입니다. 따라서 급하더라도 꼭 대소문자를 구분해 쓰셔야 합니다. 키보드의 Caps Lock 버튼을 누르거나 Shift 키를 누른 상태에서 타이핑을 하면 대소문자를 편하게 변경할 수 있으니, 편리한 방법으로 답변하시기 바랍니다.

4. 어떻게 해야 영어로 잘 말할 수 있을까요?

이건 정말 모두의 고민이지요! 사실 DET를 준비하시는 분들뿐만 아니라 영어 공부를 하는 분들이 모두 공유하는 어려움이지 않을까 싶어요. 간혹 우리는 이런 고민을 하기도 해요. '큰일이다, 나는 한국어로 생각하고 영어로 바꾸니까 시간이 오래 걸리는 거야. 어떻게 영어로 바로 생각해서 얘

기할 수 있는 거지?'

하지만 저의 생각은 조금 다릅니다. 우리는 한국인이에요. 한국어를 평생 사용하다 유학 준비 등을 위해 이제 막 영어로 말하고 쓰기를 시작했습니다. 따라서 한국어로 생각하고 영어로 바꾸는 사고과정은 당연한 거예요. 이를 너무 부정적으로 생각하지 않으셨으면 좋겠어요. 여기서 중요한 건 '한국어에서 영어로 바꾸는 시간을 얼마나 단축시킬 수 있는가'인 것 같아요.

이를 위해 제가 알려드리고 싶은 공부법은, 오히려 한국어를 활용해서 공부해보는 거예요! 조금 더 구체적으로 설명하자면, 질문에 대한 답변을 한국어로 먼저 써보는 것입니다. 이때 무작정 쓰는 것이 아니라 우리가 배웠던 템플릿의 형식에 맞게 작성해야 해요! '7문장 구조 법칙'을 따라 입장 표명에서 시작해 주장 1&예시, 주장 2&근거, 주장 3&결론으로 끝맺는 것이지요. 이후 충분한 시간을 가지고 내가 작성한 한국어 답변을 영작해보는 거예요. 그러면 질문을 보고 바로 영어로 답변할 때보다 말을 잘 정리해서 영어로 표현할 수 있을 것입니다. 이러한 연습을 계속하다 보면 한국어에서 영어로 전환하는 속도가 더 빨라지고, 나중에는 바로 영어로 답변할 수 있는 순발력도 가지게 될 것입니다. 꼭 이러한 방법으로 스피킹과 라이팅을 연습해보세요!

5. 인터뷰 때 내 실력이 들통날까 봐 답변하지 않고 있으면 미인 증될까요?

한 수강생이 직접 겪은 경험담을 들려줬어요. 이 학생은 인터뷰 스피킹 질문을 보고 너무 어려워서 답변을 아예 하지 않았다고 했죠. 결과는 어떻게 됐을까요? 맞아요. 시험 결과가 미인증되었습니다. 기관이 확인해야 하는 인터뷰 섹션인데 아무런 답변을 하지 않았다면 기관은 이 학생에 대해 알 수가 없습니다. DET는 기관에게 학생의 실제 스피킹, 라이팅하는 모습을 보여주기 위해 영상을 녹화하여 전달하는데, 답변을 하지 않으면 시험의 취지에도 어긋나기 때문입니다. 주어진 임무를 성실히 수행하는 것이 필요합니다.

6. 어떻게 해야 DET에서 고득점을 받을 수 있을까요?

학생이라면 누구나 궁금해하는 질문 중 하나지요. DET는 실력을 평가하는 시험이에요. 영어 실력을 올리는 것이 가장 현명한 방법입니다. 영어 실력을 올리는 공부는 돌아가는 길처럼 보일지라도 가장 빠른 지름길이 될 것입니다. 우리는 영어 실력을 평가하는 시험을 준비하기 때문입니다. 또한, 이 책 외에도 듀준사 네이버 카페에 '공부법' 게시판이 있습니다. 다양한 DET 공부법들이 소개되어 있으니 꼭 참고하시어 방황하지 말고, 올바른 길로 학습해나가시기를 응원합니다.

7. TOEFL, IELTS, DET 중 어느 시험 점수가 입시에 더 유리할까요?

생각보다 이 부분을 걱정하는 분들이 정말 많더라고요. 어떤 시험을 보든 요구하는 점수만 충족한다면 차이가 없습니다. 외국인 학생이 유학 시 영어 성적 Requirement를 제출해야 하는 이유는 이 학생이 영어를 할 수 있는가, 우리 대학 수업에 참여하면 잘 적응할 수 있을 것인가를 확인하기 위한 것입니다. 따라서 요구한 시험의 종류 중 어떠한 점수를 제출하여도 입학 평가 시에는 모두 동일하게 평가합니다.

8. 홈페이지 모의시험 결과에 스피킹, 라이팅도 포함되어서 나오는 건가요?

그럼요! 생각보다 많이 오해하고 계시는 부분 중 하나예요. 모의시험에서도 학습자의 스피킹&라이팅 답변을 채점합니다. 이 역시 DET 측의 답변을 직접 들었던 것이기에 전달 가능한 내용입니다.

Q. Only reading and listening are reflected in the practice test results while speaking and writing are not included in the results?
리딩과 리스닝만 모의시험 결과에 반영이 되고, 스피킹과 라이팅 답변은 연습 시험 결과에 포함되지 않는 걸까요?

A. They have been evaluated. But the evaluation is not accurate, so the score is not very meaningful and can not accurately represent your proficiency.
(연습 시험에) 스피킹, 라이팅 답변도 포함됩니다. 하지만 그 평가가 정확하지는 않아서, 점수 결과가 학생의 능력을 정확하게 나타낼 수는 없으므로 점수에는 별로 의미가 없습니다.

스피킹, 라이팅 실력도 물론 연습 시험에 평가되기는 하지만, 그리 정확하지는 않다는 의미입니다. 잊지 마세요! 모의시험 때 받은 최대 점수가 아니라 최소 점수를 기준으로 학습하는 것이 효과적이라는 것을요.

9. 시험 볼 때 키보드 보면서 타이핑하면 미인증될까요?

영문 타이핑 때문에 고민이 많으시지요! 다행히도, 영문 타이핑에 익숙하지 않아 키보드를 보며 답변을 작성하는 것은 문제가 되지 않습니다. 이는 DET 측의 공식 답변입니다. 하지만 웹캠이 모니터의 중심에 위치하지 않는 경우에는 문제가 될 수 있습니다. 영문 타이핑 실력이 좋다면 분명 답변 작성에 유리하기 때문에 꾸준한 타이핑 연습을 해주시는 것이 좋습니다. 타이핑 실력을 향상시키는 방법은 1장을 한 번 더 참고해주세요.

10. 홈페이지 모의시험 결과가 실제 시험에도 영향을 끼칠까요?

걱정하실 필요 없습니다! 모의시험 점수는 절대 실제 시험 점수에 영향을 주지 않습니다. 모의시험은 학습 시에, 그리고 내가 어떻게 답변했을 때 최소 점수가 오르는지 실험해보는 용도로 사용하는 것이 좋습니다. AI 시험을 이해하는 것이 결국 단기간 고득점 달성에도 큰 도움을 줄 거예요!

이제는 시험을 보실 차례입니다!

여기까지 오신 여러분들이라면 이제 DET 학습 방향이 잘 세워졌을 거라 생각합니다. 제가 전달해드린 공부법이 먼 길을 돌아가는 방법처럼 느껴지실 수 있지만, 실은 이 방식이 목표 점수는 물론이고 유학 시 필요한 영어 실력까지도 수직 상승시킬 수 있는 진짜 '지름길'이 될 거라 확신합니다. 책을 최소 2회 이상 정독하고 난 뒤 자신이 어렵게 느낀 문제 유형부터 공부하면 부족한 점을 빠르게 보완할 수 있을 것입니다. 한국인들이 가장 어려워하는 스피킹&라이팅의 경우, 소개된 템플릿들을 자신만의 문장으로 조금씩 바꾸어가며 적용해보세요! Production 점수와 함께 Overall 점수까지 향상될 것입니다.

시험 준비를 모두 끝내셨나요? 이제는 실제 시험에 응시하실 차례입니다!

절대 포기하지 마세요.

컨설팅을 하다 보니 IELTS 혹은 TOEFL 공부를 1년이 넘도록 해도 목표 점수가 나오지 않아 뒤늦게 DET로 넘어온 학생들이 꽤 많았습니다. 대개는 이 시험의 존재 자체를 너무 늦게 알게 된 경우였습니다.

공인 영어시험 점수는 유학 준비에 있어 가장 큰 걸림돌이 되기도 합니다. 유학 준비를 모두 끝냈어도 영어 점수가 없다면 입학을 하지 못하기 때문이지요. 하지만 목표한 공인 영어 점수를 성공적으로 획득한다면, 상상치도 못한 더 큰 자신감과 성취감을 느끼게 될 것입니다.

놀라운 사실은, 많은 수강생분들이 기존에 목표했던 점수를 취득한 뒤에도 더 높은 목표 점수를 향해 공부에 몰두했다는 것입니다. 목표했던 점수보다 훨씬 높은 점수를 취득하면 더 좋은 대학으로 진학할 수도 있고 장학금을 받을 수도 있기 때문이지요. 더 나은 영어 실력과 더 나은 대학 입학은 당연히 졸업 후 해외 취업에도 성공할 수 있는 밑거름이 될 것입니다.

유학은 도전인 동시에 포기다.

유학을 위해 DET를 준비하시는 분들이 가장 많습니다. 여러분께서 어떠한 이유로 유학을 준비하시는지 정확히 알 수 없지만 유학 준비생에게는 공통점이 하나 있습니다. 바로 자신의 삶에서 매우 중요한 무언가를 하나씩은 포기했다는 사실입니다. 그것이 누군가에게는 그동안 쌓아왔던 커리어일 수도 있습니다. 또 다른 누군가에게는 오늘의 행복보다 더 나은 미래를 위해 아끼고 아껴 저축한 돈일 수도 있고요. 혹은 유학을 위해 기존보다 훨씬 더 무거운 책임을 기꺼이 짊어지기도 하지요. 그런 여러분 모두를 존경합니다.

유학은 평범했던 저에게 많은 선물을 안겨주었습니다. 많은 분들에게 영어를 가르치며 도움을 드린 일, 매일매일 전해져오는 목표달성 감사 인사,

상상하지 못했던 외국인 단짝 친구, 축제 무대에서 영어로 사회를 보는 일, 무엇이든 해낼 수 있을 거라는 자신감, 그리고 이 책을 집필하고 있는 지금 이 순간까지도….

여러분의 눈앞에 상상 이상으로 가치 있고, 행복한 결과가 펼쳐질 거라 믿습니다.

끝으로 이 책을 쓸 수 있도록 물심양면으로 함께해주신 든든한 부모님, 어떠한 어려움이 있어도 헤쳐나갈 수 있도록 도와준 듀준사 스텝, 부족한 것투성이지만 성공적인 출판을 위해 항상 믿고 응원해주신 웅진씽크빅 및 유데미 관계자 여러분께 진심으로 감사의 말씀을 올립니다.

목표 점수 달성까지 함께하겠습니다.

MC누리쌤은 여러분의 성공적인 유학을 응원합니다.
감사합니다.

부록

부록 1.

누리쌤's
가산점 법칙 체크리스트

혹시… 책을 다 읽었다고 벌써 잊으신 건 아니겠죠?

DET의 AI 채점 방식에 기초하여 감점 요소는 줄이고 가산점 요인을 늘리면, 고득점 답변을 제출할 수 있는 DET 성공 공식이 완성됩니다.

앞에서 소개했던 가산점 요인 8가지를 체크리스트 형태로 만들어보았어요. 어떻게 하면 감점을 줄이고 가산점을 받는지 알면 반드시 고득점 받을 수 있습니다.

스피킹&라이팅 답변 후 가산점 요인을 놓치지는 않았는지 체크리스트를 통해 꼭 수정 및 보완해보시기 바랍니다.

잊지 마세요!

내가 말하고 쓴 답변에 가산점 요소들을 더하는 연습을 꾸준히 한다면 어느새 나의 실력은 물론 점수도 함께 향상되어 있을 거예요.

그 어디에서도 볼 수 없는 누리쌤의 가산점 법칙 체크리스트를 다시 한번 기억해두었다가 실전 시험에서 꼭 활용하시기를 바랍니다.

누리쌤's 가산점 법칙 체크리스트

01 긴 문장 사용 ☐
문장의 길이가 너무 짧지 않은가?

02 충분한 단어 수 ☐
최소 100단어 이상을 사용해 유창성을 보여주는 답변을 하였는가?

03 논리적 구조를 갖춘 답변 ☐
주장을 뒷받침하는 예시 혹은 근거자료를 제시하였는가?

04 복잡한 문법 구조 활용 ☐
단조로운 구문으로만 답변하지는 않았는가?

05 강한 어감의 동사 사용 ☐
너무 자주 사용되고 의미가 약한 동사만 사용하지는 않았는가?

06 이디엄 사용 ☐
최소 1개의 이디엄을 적절히 활용하여 답변하였는가?

07 주제에 맞는 어휘 사용 ☐
주장을 뒷받침하는 예시 혹은 근거자료를 제시하였는가?

08 적절한 연결어구 사용 ☐
문맥을 자연스럽게 이어줄 연결어구를 활용하였는가?

부록 2.

DET 스피킹&라이팅
대표 질문 리스트

    여기까지 정말 잘 달려와주셨어요! 이제 책에서 배운 고득점 비법을 실제로 적용해보는 시간이에요. DET 스피킹&라이팅에 가장 많이 출제되는 질문 주제는 무엇일까요? 그리고 그 주제를 대표하는 기출 질문들은 어떤 게 있을까요?

    단기간 고득점을 위해서는 우선순위에 따라 공부해야 해요.

    실제 DET에 자주 출제되는 주제 TOP 15와 더불어, 각 주제별로 대표 질문 3가지를 엄선하였습니다. 총 40개가 넘는 핵심 기출 질문들을 가지고 책에서 배웠던 모든 고득점 비법들을 직접 적용하여 답변 연습을 해보시기 바랍니다.

누리쌤's 기출예상 질문 리스트

주제 1. 시간&때

1. Describe a time when you were disappointed by something. How did you deal with it? Please explain the situation in detail.

2. How can people be calm when they are stressed? What's the best way? What kind of effect does this have?

3. Do you agree with the statement that time is the most precious commodity? If so, what is the reason?

주제 2. 여행

1. Would you like to travel around the world or briefly visit space? Please explain why.

2. Do you prefer going on a trip with others to going on a trip alone? Please explain why.

3. Do you plan everything out before you go on a trip, or are you more spontaneous? Please tell us which you prefer and explain why.

주제 3. 선택&결정

1. Describe an experience you had with judging something too quickly and regretting it as a result. Give specific examples.

2. What deep realizations have you gained from your failures? What happened? Why did you learn from it?

3. What is the most important belief that you adhere to when deciding something? Give specific examples.

주제 4. 정부&사회

1. To what extent should the government allow citizens to smoke in public places? Explain the specific reasons why you think so.

2. Some people say that personal hygiene education should be taught in schools. Others think it is more important for families to educate. What is your idea?

3. Individuals borrow the power of technology or drugs to live longer. What are some social problems that can arise then?

주제 5. 건강

1. What are the benefits people can get from exercising? Please explain specific reasons.

2. People these days can live longer than in the past. What made this possible?

3. Some research suggests that laughing a lot is the best medicine. Do you agree or disagree with that?

주제 6. 기술

1. Technology makes it more convenient for people to live. How much do you agree with that statement?

2. Technology helps students learn faster. Do you agree or disagree?

3. People shop online a lot these days. How do product reviews affect consumers' purchasing decisions?

주제 7. 교육

1. Children spend too much time in a classroom. What are the positive effects of children having more freedom?

2. Many students want to enter overseas universities, not the ones in their own countries. What are the advantages of studying abroad?

3. Describe something you recently learned. Why did you learn that? How did you learn it?

주제 8. 직업

1. What should you do if it is tough for you to find a job? Give some examples.

2. Which company do you really want to work for? Explain why you thought so.

3. What are some ways to encourage middle-aged people to change jobs?

주제 9. 돈

1. Some are satisfied with what they have and others are not. What are the advantages and disadvantages of these two different approaches?

2. How can people increase their income more than they are now? Describe the methods.

3. What are the benefits of life for wealthy children as they grow up?

주제 10. 도시

1. What are some ways cities can protect the disabled?

2. Do you think coastal cities have more problems than inland cities? Explain why.

3. Describe the environmental pollution in your area. What are some ways to control it?

주제 11. 사람&관계

1. How can you deal with a person whose personality and habits conflict with yours? Explain it in detail.

2. Describe a person whom you trust. Give specific reasons for your answer.

3. Why are people interested in spreading bad gossip? Explain your answer in detail.

주제 12. 경험(감정)

1. Describe a situation in which something excited you. What was it? Why did you feel that way? How often does that happen?

2. What is your favorite season of the year? Why do you like that season in particular? Do others agree with you?

3. What can you say if someone does something rude to you?

주제 13. 광고

1. The language used in advertising is sometimes unethical. To what extent do you agree with this view?

2. Advertising unhealthy foods, such as junk food, to young children has a negative impact on them. So, advertisements for children should be banned. Do you agree?

3. How much has advertising advanced our modern society? Give specific reasons for your answer.

주제 14. 언어

1. Do the advantages of teaching young children a foreign language outweigh the disadvantages?

2. Learning a foreign language is a waste of time because computers can quickly understand and translate languages accurately. Do you agree with that?

3. Why is English an internationally important language? Give reasons for your answer.

주제 15. 기타 경험

1. Have you ever stopped a bad habit you had? What was it? Describe some of the methods you used to break it.

2. Some people reproduce and sell works of art by famous artists. Should this be banned? Please explain why you think this.

3. What is the day you exchange special gifts in your country?

4. What is the most memorable and interesting advertisement you have seen? Describe it in detail.

5. Describe some strategies you can use to negotiate successfully.

스펠링 자주 틀리는
어휘 200개 리스트

DET는 타 시험보다 어휘를 더욱 중요시하여 평가합니다. 실제 존재하는 단어인지 구분하는 문제 유형부터 몇 개의 스펠링만으로 단어를 유추하는 빈칸 채우기까지 어휘력을 평가하는 유형들이 다수 출제되지요.

이에 대비해 지금까지 수강생들의 수천 개 답변을 첨삭하며 축적한 데이터를 기반으로 스펠링 자주 틀리는 어휘 200개를 총정리했습니다.

적어도 해당 200개 리스트에 소개된 단어의 스펠링은 틀리지 않도록 학습해주시기 바랍니다.

DET 어휘(스펠링)가 직접적으로 영향을 끼치는 유형

- 진짜 영단어 찾기(텍스트)   - 사진 묘사(쓰기)
- 진짜 영단어 찾기(리스닝)   - 50단어 쓰기
- 빈칸 채우기   - 쓰기 인터뷰
- 듣고 쓰기

No.	자주 틀리는 스펠링	정확한 스펠링	단어 뜻
1	absense	absence	n. 결석, 결근
2	acept	accept	v. 받아들이다, 받아주다
3	accaptable	acceptable	adj. 용인되는, 받아들일 수 있는
4	acommodate	accommodate	v. 수용하다, 공간을 제공하다
5	accomodation	accommodation	n. 거처, 숙소, 숙박시설
6	acheive	achieve	v. 달성하다, 성취하다
7	acknowlege	acknowledge	v. 인정하다
8	acquaintence	acquaintance	n. 아는 사람, 지인
9	accross	across	adv. 건너서, 가로질러 prep. 건너편에, 맞은편에
10	adress	address	n. 주소 v. 주소를 쓰다
11	adviseable	advisable	adj. 권할 만한, 바람직한
12	allegaince	allegiance	n. 충성
13	amatuer	amateur	n. 아마추어, 비전문가 adj. 취미로 하는
14	aparent	apparent	adj. 분명한
15	apparantly	apparently	adv. 듣자 하니
16	appearence	appearance	n. 외모, 겉모습
17	apreciate	appreciate	v. 고마워하다, 진가를 알아보다
18	arguement	argument	n. 논쟁, 말다툼
19	assasination	assassination	n. 암살
20	asurrance	assurance	n. 확언, 장담
21	attendence	attendance	n. 출석, 참석
22	automaticaly	automatically	adv. 자동적으로
23	awkwerd	awkward	adj. 어색한, 곤란한, 불편한
24	beatuful	beautiful	adj. 아름다운, 멋진
25	belive	believe	v. 믿다
26	bellweather	bellwether	n. 전조
27	birsday	birthday	n. 생일
28	buffalos	buffaloes	n. 물소 (복수형)
29	buisness	business	n. 사업, 상업
30	calender	calendar	n. 달력, 일정표
31	Carribean	Caribbean	n. 카리브해 지역 adj. 카리브해의
32	categoly	category	n. 범주
33	challange	challenge	n. 도전 v. 도전하다
34	changable	changeable	adj. 바뀔 수도 있는, 변덕이 심한
35	Chrismas	Christmas	n. 성탄절
36	clearl	clearly	adv. 또렷하게, 분명히
37	collaegue	colleague	n. 동료
38	colectable	collectible	adj. 모을 수 있는 n. 수집 대상물
39	colum	column	n. 기둥, 기념비
40	commitee	committee	n. 위원회

No.	자주 틀리는 스펠링	정확한 스펠링	단어 뜻
41	completly	completely	adv. 완전히, 전적으로
42	congratlation	congratulation	n. 축하
43	concience	conscience	n. 양심
44	conscienscious	conscientious	adj. 양심적인, 성실한
45	concious	conscious	adj. 의식하는, 자각하는
46	convienance	convenience	n. 편의, 편리, 편의 시설
47	convinient	convenient	adj. 편리한, 간편한
48	copywrite	copyright	n. 저작권, 판권
49	curiousity	curiosity	n. 호기심
50	decrese	decrease	v. 줄다, 감소하다 n. 감소, 하락
51	definate	definite	adj. 확실한, 확고한
52	definitly	definitely	adv. 분명히, 확실히
53	dependance	dependence	n. 의존, 의지
54	desireable	desirable	adj. 바람직한, 가치있는
55	desparate	desperate	adj. 자포자기한, 필사적인
56	dilenma	dilemma	n. 딜레마
57	dissappear	disappear	v. 사라지다
58	dissapoint	disappoint	v. 실망시키다, 좌절시키다
59	dicsount	discount	n. 할인 v. 할인하다
60	drunkeness	drunkenness	n. 취기, 취한 상태
61	embarass	embarrass	v. 당황스럽게 만들다, 곤란하게 만들다
62	embarassing	embarrassing	adj. 난처한, 당혹스러운
63	emision	emission	n. 배출, 배기가스
64	enterance	entrance	n. 입구, 입장
65	enviroment	environment	n. 환경
66	equiptment	equipment	n. 장비, 용품, 설비
67	excercise	exercise	n. 운동, 연습 v. 운동하다, 발휘하다
68	exhilerate	exhilarate	v. 아주 기쁘게 만들다
69	existance	existence	n. 존재, 실재
70	experiance	experience	n. 경험 v. 겪다, 경험하다
71	familar	familiar	adj. 익숙한, 친숙한
72	facinating	fascinating	adj. 대단히 흥미로운, 매력적인
73	Febuary	February	n. 2월
74	finaly	finally	adv. 마침내, 마지막으로
75	firmy	firmly	adv. 단호히, 확고히
76	foriegn	foreign	adj. 외국의, 대외의
77	forword	forward	adv. 앞으로 adj. 앞으로 가는
78	freind	friend	n. 친구, 후원자, 지지자
79	futher	further	adv. 더 멀리에, 더 나아가
80	guage	gauge	n. 게이지, 측정기 v. 판단하다, 측정하다

No.	자주 틀리는 스펠링	정확한 스펠링	단어 뜻
81	glamorus	glamorous	adj. 화려한, 매력이 넘치는
82	goverment	government	n. 정부, 정권
83	grammer	grammar	n. 문법, 문법책
84	greateful	grateful	adj. 고마워하는, 감사하는
85	garantee	guarantee	n. 확약, 보장, 담보 v. 보장하다
86	gaurd	guard	n. 경비요원, 경비대 v. 지키다, 보호하다
87	guidence	guidance	n. (경력자의) 지도, 안내
88	happend	happened	v. 발행하다, 일어나다
89	heighth	height	n. 높이, 키, 고도
90	honourary	honorary	adj. 명예의
91	hormon	hormone	n. 호르몬
92	humerous	humorous	adj. 재미있는, 유머러스한
93	hygene	hygiene	n. 위생
94	hipocrit	hypocrite	n. 위선자
95	ignorence	ignorance	n. 무지, 무식
96	ignor	ignore	v. 무시하다
97	ilution	illusion	n. 오해, 착각, 환상
98	imediately	immediately	adv. 즉시, 즉각
99	immun	immune	adj. 면역성이 있는
100	incidently	incidentally	adv. 그건 그렇고, 부수적으로, 우연히
101	independance	independence	n. 독립, 자립
102	independant	independent	adj. 독립된, 독립적인
103	inteligence	intelligence	n. 지능, 기밀
104	interect	interact	v. 소통하다, 교류하다
105	intresting	interesting	adj. 재미있는, 흥미로운
106	interupt	interrupt	v. 방해하다, 중단시키다
107	irelevant	irrelevant	adj. 무관한, 상관없는
108	irresitable	irresistible	adj. 억누를 수 없는, 거부할 수 없는
109	knowlege	knowledge	n. 지식
110	liesure	leisure	n. 여가
111	libary	library	n. 도서관, 서재
112	lightenning	lightning	n. 번개, 번갯불 adj. 번개 같은, 아주 빠른
113	logecally	logically	adv. 논리적으로
114	lolypop	lollipop	n. 막대 사탕
115	luse	lose	v. 잃어버리다, 분실하다
116	maintainance	maintenance	n. 유지, 생활비 유지
117	medecine	medicine	n. 의학, 약
118	medeval	medieval	adj. 중세의
119	momanto	memento	n. 기념품
120	millenium	millennium	n. 천년, 새로운 천년이 시작되는 시기

No.	자주 틀리는 스펠링	정확한 스펠링	단어 뜻
121	miniture	miniature	adj. 아주 작은, 축소된 n. 세밀화, 미니어처
122	mischievious	mischievous	adj. 짓궂은, 말썽꾸러기의
123	mispell	misspell	v. 철자가 틀리다
124	moeny	money	n. 돈, 재산, 금액
125	neccessary	necessary	adj. 필요한, 필연적인
126	neice	niece	n. 조카딸
127	noticable	noticeable	adj. 뚜렷한, 현저한, 분명한
128	nutretion	nutrition	n. 영양
129	occasionaly	occasionally	adv. 가끔
130	occured	occurred	v. 일어나다, 발생하다
131	ocurence	occurrence	n. 발생, 존재
132	ommision	omission	n. 생략, 빠짐
133	opertunity	opportunity	n. 기회
134	optimstic	optimistic	adj. 낙관적인
135	outragous	outrageous	adj. 너무나 충격적인, 터무니없는
136	paralell	parallel	adj. 평행한, 아주 유사한 n. 유사점
137	pasttime	pastime	n. 취미
138	persistant	persistent	adj. 끈질긴, 집요한
139	Philipines	Philippines	n. 필리핀
140	peice	piece	n. 조각, 한 부분
141	posession	possession	n. 소유, 소지품
142	potatos	potatoes	n. 감자 (복수형)
143	precius	precious	adj. 귀중한, 값비싼
144	princple	principle	n. 원칙
145	privelege	privilege	n. 특전, 특권 v. 특권을 주다
146	pronounciation	pronunciation	n. 발음
147	persue	pursue	v. 추구하다, 계속하다
148	quarentine	quarantine	n. 격리 v. 격리하다
149	questionaire	questionnaire	n. 설문지
150	quaue	queue	n. 줄, 대기행렬 v. 줄을 서서 기다리다
151	recieve	receive	v. 받다, 받아들이다
152	recomend	recommend	v. 추천하다, 권고하다
153	referance	reference	n. 언급, 참고, 참조 v. 참고 표시를 하다
154	relevent	relevant	adj. 관련 있는, 적절한
155	religous	religious	adj. 종교의, 독실한
156	remeber	remember	v. 기억하다
157	resistence	resistance	n. 저항, 저항력
158	restarant	restaurant	n. 식당, 레스토랑
159	rythm	rhythm	n. 리듬, 율동
160	rumur	rumor	n. 소문 v. 소문이 있다

No.	자주 틀리는 스펠링	정확한 스펠링	단어 뜻
161	scenary	scenery	n. 경치, 풍경
162	shcool	school	n. 학교 v. 교육하다
163	secretery	secretary	n. 비서, 총무
164	sieze	seize	v. 움켜잡다, 장악하다, 체포하다
165	sence	sense	n. 감각 v. 감지하다, 느끼다
166	sentance	sentence	n. 문장, 선고 v. 선고하다
167	seperate	separate	adj. 분리된, 독립된 v. 분리되다, 나뉘다
168	shaere	share	v. 함께 쓰다, 공유하다 n. 몫, 지분
169	sincerly	sincerely	adv. 진심으로
170	specifictation	specification	n. 설명서, 사양
171	speach	speech	n. 연설, 담화, 말투
172	spotright	spotlight	n. 환한 조명 v. 집중 조명하다
173	succesful	successful	adj. 성공한, 성공적인
174	sugest	suggest	v. 제안하다, 추천하다
175	surprize	surprise	n. 놀라움, 뜻밖의 일 v. 놀라게 하다
176	tatoo	tattoo	n. 문신 v. 문신을 새기다
177	tendancy	tendency	n. 성향, 기질
178	there	their	det. 그들의, 그것들의
179	tomatos	tomatoes	n. 토마토(복수형)
180	tommorow	tomorrow	n. 내일, 미래 adv. 내일
181	tounge	tongue	n. 혀 v. 혀로 핥다
182	truely	truly	adv. 정말로, 진심으로
183	twelth	twelfth	adj. 제12의, 열두번째의 n. (서수의) 제 12
184	underate	underrate	v. 과소평가하다
185	unfortunatly	unfortunately	adv. 불행하게도, 유감스럽게도
186	untill	until	prep. ~ (때)까지
187	upholstry	upholstery	n. 덮개, 천을 씌우는 일
188	usible	usable	adj. 사용 가능한, 쓸 수 있는
189	vaccuum	vacuum	n. 진공, 공백 v. 진공청소기로 청소하다
190	vehical	vehicle	n. 차량, 탈것, 운송 수단
191	visious	vicious	adj. 잔인한, 포악한
192	vlome	volume	n. 용량, 용적, 음량
193	wether	weather	n. 날씨, 기상 v. 햇빛에 변하다
194	Wenesday	Wednesday	n. 수요일
195	wierd	weird	adj. 기이한, 기묘한
196	wellfare	welfare	n. 복지, 후생
197	whereever	wherever	conj. 어디에나, 어디든지 adv. 도대체 어디에서
198	wether	whether	conj. ~인지, ~이든
199	wilfull	wilful	adj. 고의적인, 의도적인
200	wisdum	wisdom	n. 지혜, 타당성

MC 누리쌤의 듀오링고 테스트 고득점 비법서
ⓒ전누리, 2022

초판 1쇄 인쇄	2022년 9월 30일
초판 1쇄 발행	2022년 10월 7일

지은이	MC누리쌤(전누리)
발행인	이재진
Udemy사업단장	박민규
편집	양현수
디자인	Desig
마케팅	최혜진 이인국
제작	정석훈

브랜드	웅진윙스
주소	경기도 파주시 회동길 20
문의전화	02-6744-0011(편집) 031-956-7089(마케팅)
홈페이지	www.wjbooks.co.kr
페이스북	www.facebook.com/wjbook
포스트	post.naver.com/wj_booking

발행처	㈜웅진씽크빅
출판신고	1980년 3월 29일 제406-2077-000046호

ISBN	978-89-01-26411-0 13740